张弛——著

# 声音变现

中国出版集团
中译出版社

**图书在版编目（CIP）数据**

声音变现 / 张弛著 . -- 北京：中译出版社，
2023.3
　　ISBN 978-7-5001-7221-5

　　Ⅰ.①声… Ⅱ.①张… Ⅲ.①发声法—研究 Ⅳ.
① J616.1

中国版本图书馆 CIP 数据核字（2022）第 202127 号

**声音变现**
**SHENGYIN BIANXIAN**

著　　者：张　弛
策划编辑：于　宇　李晟月
责任编辑：李晟月
营销编辑：马　萱　纪菁菁

出版发行：中译出版社
地　　址：北京市西城区新街口外大街 28 号普天德胜大厦主楼 4 层
电　　话：（010）68002494（编辑部）
邮　　编：100088
电子邮箱：book@ctph.com.cn
网　　址：http://www.ctph.com.cn

印　　刷：北京盛通印刷股份有限公司
经　　销：新华书店
规　　格：880 mm×1230 mm　1/32
印　　张：7.875
字　　数：145 千字
版　　次：2023 年 3 月第 1 版
印　　次：2023 年 3 月第 1 次印刷

ISBN 978-7-5001-7221-5　　　　定价：69.00 元

版权所有　侵权必究
中 译 出 版 社

特别感谢我的好朋友——播媒集团副总裁、点金手MCN运营总监张铭薇（七七）老师，感谢她为本书部分内容提供支持。

# Preface
# 自　序

2018年初，作为电视综艺节目风向标的湖南卫视，推出了一档配音类综艺节目《声临其境》。节目制作组在第一季的每一期都会邀请四位演员同台竞技，让他们比拼台词功底、配音实力和与搭档互动的能力，并最终由现场观众投票选出当期的"声音之王"，进入年度声音大秀。

令很多人没想到的是，如此小众的题材，居然能迅速走红，成为各大社交媒体平台的热门话题。

不过，如果你熟悉B站（哔哩哔哩）青年对声优配音视频的狂热，或者十多年前风靡网络世界的创意配音团队"淮秀帮"，你就对《声临其境》的"出圈"见怪不怪了。

配音类原创内容一直以脑洞奇大、花样繁多、生动有趣著称，对广大网友有着很强的吸引力。你即使平时不关心这个领域，在刷抖音、快手、微博时也会经常看到配音类内容，无形中为它们增加了点击量和传播力度。

造成这种现象的更深层次的原因是，这是一个全媒体时代，人们通过视、听、触觉等感官来接收信息。偏重于文字的信息传递方式将会被改变，靠听觉或其他感官来获取信息的方式得到强化。

在这股时代潮流下，人们对好声音的需求只会越发强烈。市场需求不断增加，势必会涌现出更多满足此类需求的生产者、创作者。因此，声音对我们的意义也变得比以往任何时候都更重要。在短视频时代，声音已经成为人的第二张脸。

一方面，声音体现着沟通技巧，影响着个人的工作和生活；另一方面，声音属于个人气质的一部分，塑造着个人的社交形象。

有的人认为自己的声音不好听，不愿意在公共场合说话；有的人吐字不清，甚至发微信语音都没有底气；有的人普通话不标准，在日常生活中总是被调侃，尽管有些调侃并无恶意……虽然声音本身体现不出一个人的学识和思想水平，但一口好声音却能令听者如沐春风。

声音就像你的名片，可以让别人更好地认识你。当你能发出悦耳且富有感染力的声音时，你的个人魅力也会得到大幅度提升。这个道理，我在成为新闻主播之后才真正想明白。

我是一个非播音主持专业科班出身的声音从业者，经过

## 自 序

20 年的摸爬滚打，获得了腾讯教育"2020 年度教育行业领军人物"、字节跳动"2019 年度知识创作者"、中国首届语言艺术教育大会"中国语言教育十大风云人物"、央广网"2021 遇见好老师 金牌导师"等荣誉奖项。

然而，其实我并不是大家想象中的天赋型选手，曾经在声音行业的大道上也走了不少冤枉路。

我的声音成长过程与绝大多数声音爱好者一样，始于对好声音的向往。我从小就喜欢听一些好听的声音，喜欢诗歌，喜欢朗读，从初中开始参加演讲比赛，也陆续获得过不少奖项，得过一些专业人士的肯定。这让我树立了成为播音主持人的梦想。

2001 年，还在上大学的我考入了江西人民广播电台。从那时起，我正式开启了自己长达 20 年的声音从业之路。可是因为我从小生活在方言区，也没系统地学过播音，所以普通话的方言口音很重。即使成为新闻主播后，我在很长一段时间里仍然"乡音未改"。这让我在声音学习路上多次被身边人的闲言碎语刺痛。

**热爱或许可以冲破一切阻碍！**

我如饥似渴地学习各种关于声音的专业知识，有意识地模仿电视里的播音员，看他们是如何说话发音的。就这样磕磕绊绊四五年，我才在自我摸索的过程中不知不觉地学会了这些技巧。

如今的时代不同了,我走过的这一段漫长的冤枉路,你完全可以成功闪避。

在《声临其境》热播的那一年,我开始在抖音上打造个人IP——"张弛语言课",从此成为一个声音技巧知识的分享者。在这个过程中,我深切意识到有那么多人需要声音技巧知识,有那么多人对好声音有着追求。

玩转自媒体时代,人人都是"好声音"——这是我作为声音职业培训教师的梦想。如果你也渴望让自己的声音变得很好听,让自己更自信,那么我愿意成为你在声音学习之路上的良师益友。

张弛

2023 年 2 月

# Forword
# 前 言

## 为你开启"声音变现"新世界的大门

### ◊ 声音变现,值得一试的副业

这是一个个人 IP 崛起的时代,许多人都是兼营副业的"斜杠青年"。

如果你也有此想法,那么我向你推荐一种值得一试的副业——声音变现。

顾名思义,"声音变现"就是在全媒体时代,通过好声音赚钱。

有些读者可能会觉得不可思议:"对于我这样的'素人'来说,声音真的能用来赚钱吗?"

其实,现在的声音市场非常广阔,超乎很多人的想象。中国有超过九亿网民,其中一半以上的用户是泛音频市场的受众。这个市场正在以每年超过 10% 的速度增长,更是有

47.3%的用户愿意付费。所以，只要你有兴趣进入声音市场，就有希望分得一杯羹。

很多人可能还会有所顾虑："我没学过播音主持，我的普通话不标准，我的声音大概没什么价值吧？"

读了这本书你就会发现，声音没那么好听、普通话没那么标准都不影响声音变现，因为这是一个崇尚个性的时代，只要合法合规，每个人都可以在自媒体上发声。听众并不要求你的声音一定得是央视范儿或者播音腔。只要懂得一些发声技巧，并且有自己的特色，你就可以在这个领域闯出一片天地。

更重要的是，就声音的学习而言，没有学历的硬性要求，声音的变现也几乎没有任何资金要求。

声音变现绝对是一个能让我们增加收入、打造个人IP的优质备选赛道。

## ◊ 我为什么要写这本书

我叫张弛，先后担任过两家卫视的首席配音师，是四川师范大学播音主持专业课的老师，也是国内按秒计费的商业配音员之一，为国务院、某些省政府、中央电视台、壳牌、中国移动等提供过配音服务，与新浪、腾讯、百度等公司有长期合作，也是抖音平台帮助百万粉丝训练发声的讲师、《普通话水平测试专用教材》的主编。

# 前 言

我是国内较早进入声音变现领域的人之一,有长达近20年的声音变现经验,基本上把握了每一个声音变现的"风口",对各类声音变现渠道的生态与规则了然于心。

在声音培训过程中,我会被反复问及一些最基本的发声知识和技巧。为了更有效率地辅导这些提问者,我打算写一本通俗教程,于是就有了这本书。

这本书是我在声音培训领域近20年经验的结晶。随着教学技能的精进,尽管很多内容仍有持续优化的空间,但目前的呈现,已足够让很多读者在短时间内成为声音达人。

现在,我通过这本书把自己宝贵的经验和盘托出,希望你也能把自己的声音做成生意,创造更多的财富。

## ◊ 在这本书中,你能获得什么

读了这本书,你将获得声音变现所需的绝大部分内容。

第一章是入门基础课,是最基础的声音训练课,帮你夯实声音基础。

第二章是塑声进阶课,我将从多方面手把手指导你如何提升声音表现力和说话的魅力。

第三章是综合提升课,我将传授一套科学练声方法,帮助你保持高水准音质与健康的声音状态。

第四章是实操变现课,我会介绍全网所有主流声音变现平台，告诉你如何打造有自己特色的声音节目，带你从"小白"升级为"行家"。

在本书最后，我还为广大读者提供了一些辅助资料：带货主播的产品话术、声音精准提升训练材料，以及发声器官图解等。这些资料可以为旨在扩展学习范围的读者提供助力。

如果你还有其他疑问，那么不妨拿起本书研读一下，按照书中的方法练习一下。

我们都听过一则寓言故事——小马过河。雨后河水暴涨，小马犹豫着不知道怎么过河。这时候，大象对它说："河水刚刚没过脚趾，现在过河完全没问题。"松鼠则对它说："河水已经没过头顶，现在过河会被淹死。"它应该怎么办呢？只有亲自下水试一下，它才能知道深浅。

如果你要渡过声音变现这条河，我愿意做你的领航员，带着你趟一趟水，让你知道哪里深、哪里浅、哪里有激流、哪里是险滩。

总之，最重要的是尝试，从现在开始。

# Contents
# 目　录

第二章
塑声进阶课：让你『声』入人心的小技巧

059"

001"

第一章
入门基础课：从零开始改掉你的发声问题

117"

第三章
综合提升课：保持高水准音质的科学练声法

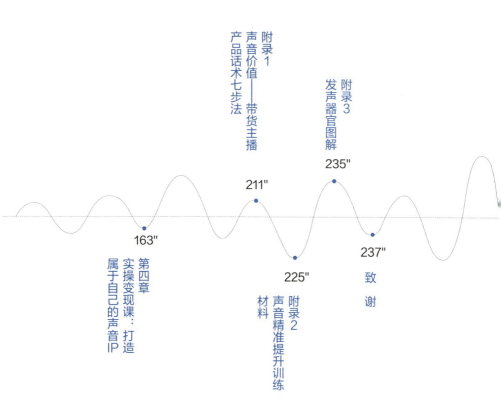

第四章 实操变现课：打造属于自己的声音IP　163"

附录1 声音价值——带货主播产品话术七步法　211"

附录2 声音精准提升训练材料　225"

附录3 发声器官图解　235"

致谢　237"

第一章

# 入门基础课：
## 从零开始改掉你的发声问题

## 第一节　你了解自己的声音特质吗

> **内容提要** 🔊
> 
> *1.* 怎样进行声音自测，确认自己的声音水平；
> *2.* 了解七种错误的发声方式。

### 一、本节导入

你了解自己的声音吗？听到这个问题，你可能会充满疑问：谁都能轻松地分辨出自己的声音和别人的声音，怎么可能不了解呢？

可是我要告诉你，仅做到这一点还不算真正了解自己的声音。接下来，我要向你提出几个问题，看一看你的答案是肯定的还是否定的。

|  | 是 | 否 |
|---|---|---|
| ·你在当众发言或演讲时,觉得自己的声音有力量吗? | ☐ | ☐ |
| ·在与别人交谈的时候,你的声音能一下子吸引对方的注意力吗? | ☐ | ☐ |
| ·你是否经常遇到,对方没有听明白你的话,从而要求你再说一遍的情况? | ☐ | ☐ |
| ·你觉得自己的声音好听吗?声音有没有磁性? | ☐ | ☐ |
| ·你说话时间比较长的时候,会感到嗓子疼吗? | ☐ | ☐ |
| ·你觉得自己说话时的语气和语调是非常生动的,还是单调无聊的呢? | ☐ | ☐ |
| ·你觉得自己有没有一开口就让别人喜欢听你说话的能力呢? | ☐ | ☐ |

对于以上问题,相信你已经有了答案。有的问题你的答案是肯定的,有的问题你的答案是否定的。即使否定答案比肯定答案多,也没什么不好意思的。

人总是习惯性地高估自己,对自己的声音更是如此。你一定有过这样的经历:回听自己的微信语音时,才发现自己的声音比想象中尖细,发音也不如想象中标准。不过,这没什么好自卑的,未经过专业训练的声音就是这样的。

通过回答上述问题,现在你或许已经知道自己的声音有哪些长处,又存在哪些不足了。

然而,上述有些问题的答案可能是非常主观的。比如,你是否有一开口就让别人喜欢听你说话的能力呢?答案可能是仁者见仁、智者见智。我们还是应该拟定更客观、科学的衡量标准。

接下来,我将教你如何进行声音自测,以更准确地评估自己的声音水平,然后帮助你分析产生各种不足的原因,以及如何有效地补齐短板。

## 二、如何进行声音自测

声音自测能让你在通往好声音的路上迈出坚实的第一步。我们可以借助"语言能力"和"专业能力"两个维度来评估自己的声音水平(见表1.1)。

表1.1 声音自测的评估明细

| 语言能力 | 专业能力 | 结果 |
| --- | --- | --- |
| 发音准确、吐字清晰 | 1. 说话像新闻主持人或电影旁白那样悦耳<br>2. 朗读或配音时能细腻地传达丰富的情感<br>3. 有语言专业基础 | A级 |
| 吐字比较准确、清晰 | 1. 偶尔会混淆读音,比如n和l、r和l、h和f、前后鼻韵<br>2. 表达有一定的感染力,情感调动自如<br>3. 有较好的发音基础,但缺乏专业训练 | B级 |

续表

| 语言能力 | 专业能力 | 结果 |
|---|---|---|
| 普通话的方言口音较重 | 1. 经常混淆读音，比如 n 和 l、r 和 l、h 和 f、前后鼻韵<br>2. 吐字含混不清<br>3. 朗读缺乏感情，没有任何专业基础 | C 级 |
| 不会普通话、吐字含混不清 | 1. 方言口音浓重<br>2. 普通话不自然流利，甚至不会普通话<br>3. 只有本地人才听得懂，跟外地人的沟通不畅 | D 级 |

由表 1.1 可知，一个人的语言能力和专业能力都可以分为 A、B、C、D 四个档次。其中专业能力包含了人生阅历、专业知识及学习能力。即使你不是播音专业出身，也没有与声音变现相关的从业经历，只要你的学习能力强，肯下苦工夫认真练习，依然可以快速提高自己的专业能力。

通常而言，没有经过专业训练的人，其语言能力大多在 C、D 两个级别。也有一些天赋较好的人处于 B 级。他们的声音各不一样，却都不如播音员好听，这是因为他们可能存在七种声音问题。

## 三、七种常见的声音问题

我们可以把常见的声音问题归纳为以下七种：虚、薄、扁、暗、闷、平、尖。大家可以对照下面的内容，自查一下自己属于哪种情况。每一种声音问题都不是凭空产生的。只有先弄清其原理，才能对症下药，改善你的声音特质。根据产生原理的不同，我们可以把这七种声音问题归为三种类型。

需要补充说明的是，在阅读下文之前，读者最好先熟悉一下本书最后的"发声器官图解"（见附录3），以更直观地了解声音产生的原理。

## 类型一：气息不足型——声音虚、声音薄

声音虚是指气息较虚弱，音色有气无力。声音薄则是指音色单薄，缺乏力度，共鸣差，混响少。两者都属于气息不足。气息对音质起着决定性的作用，它决定着你的声音是否传得远、有穿透力，能不能让每一位听众都清楚地听到。

在日常交流中，有的朋友说话时很难引起别人的注意。他明明觉得自己说话已经很用力了，到了自己音量的极限，但别人还是听不清楚，甚至会要求他大声重复一遍。这就是典型的声音虚或声音薄的表现。

这类声音问题会给人一种缺乏自信、没有底气的印象。特别是在一场会议或者一次演讲中，你会发现自己的声音很难有效传达到后排听众那里。被别人当众指出"声音太小，听不见"是件很尴尬的事情。久而久之，你可能就越来越没有自信，说话声音越来越小，大家更加听不清楚。

克服声音虚、薄两个问题的关键在于，加强气息的训练。毫不夸张地说，气息的训练是练成好声音的最重要的基本功之一。

另外，如果气息不稳，声音会忽高忽低，或者因声音虚弱而严重影响声音的表现力。如果用气不对，还会严重伤害声带。总之，强化气息有百利而无一害。

我们会在后面的章节中专门介绍如何通过科学的发声与练气，帮你打好气息的基础。

**类型二：口腔不通型——声音扁、声音暗、声音闷**

声音扁是指频带狭窄，声音单薄，音质不纯，失真较严重，或混响声不足，声音缺乏丰满度。声音暗是指声音不够明亮、亲切，在听觉上令人感到暗哑无光彩。声音闷是指咬字不够圆满，声音听起来沉闷。造成这三种声音问题的原因都是口腔不通。

如果你在学校参加过合唱团，那么你肯定听音乐老师说过这样一句话："把你的口腔打开！""打开口腔"真不是一句空话，它能让你吐字归音更加准确，让你像播音员一样字正腔圆。假如你说话时口腔没打开，产生的声音就会呈现出扁、暗、闷的特点。

我举一个大家都知道的例子。周杰伦是一位非常有才华的音乐人，但他的声音就比较闷。特别是在他刚出道的时候，歌迷很难听得清楚他唱的到底是什么。如果你仔细留意他说话时的口腔状态就会发现，他的嘴巴几乎不动，开度也比较小。所以他的声音与其他歌手的有很大区别。

当然，周杰伦的说话方式如今已经成为他特有的风格，受到了许多歌迷的喜欢，声音的问题也不再称其为问题，而变成了他的风格。不过，不是每个人都像周杰伦那么有才华，以至于别人可以忽略他的声音问题。在大多数情况下，人们还是更喜欢清脆、洪亮的声音。我们在说话的时候还是应该避免声音扁、暗、闷。解决这个问题的关键就是打开口腔。

大家乘坐飞机的时候会发现，空姐的声音听着非常悦耳，这与她们平时的训练离不开。在空姐的仪态仪表训练中，有一项特殊的训练是咬筷子。咬筷子训练不仅能让空姐随时保持得体的微笑，还能充分打开口腔，改善发声的效果。

除了打开口腔之外，腔体共鸣也对发声起着重要作用。我们的口腔、鼻腔、胸腔都是发声的腔体，把这些腔体打通了就会产生共鸣。腔体共鸣能让我们的声音变得更加立体和有磁性。关于如何正确地打开口腔，以及如何找准鼻腔、口腔与胸腔的共鸣，我们将在后面的课程中为大家一一讲解。

## 类型三：表现力不足型：声音平、声音尖

声音平是指声音没有起伏，没有强弱，缺乏明显的感情色

彩。声音尖则是指高音分量过多，失真较大，在听觉上让人感到刺耳。这两种声音问题的症结在于声音表现力的呈现上。

这里所说的声音表现力可能有点抽象，实际上它就是我们对声调、重音、节奏、情感的协调与处理。如果用图画来比喻声音，那么好听的声音应该像是一幅山水画，有起有落，有轻有重。换言之，说话要抑扬顿挫且富有感情，这才是能够打动人的好声音。

在后面的声音表现力章节中，我将会为大家详细讲解如何用好声音的声调、重音、节奏和情感，克服声音平、尖的不足，以提高我们声音的表现力。

如果你觉得自己的声音没有什么鲜明的特点，比如说音色普通、讲话平淡，那么就需要好好学习和实践相关的方法。通过科学的声音训练，你完全可以打磨出更优美的音质与出色的声音表现力，最大限度开发出声音的潜能，让它能够更好地呈现你想要表达的内容。

总之，每个人的声音都与其性格一样，各有各的特点。每一种音色都能呈现出独一无二的闪光点，只是需要好好开发。我们不仅要找出自己声音存在的问题，还要善于发现自己的声音特质，将其与自己的职业、性格、兴趣爱好相结合。这样一来，我们的声音就自然具备了个人特质，获得了变现的价值。

## 四、本节小结

在本节中,我为大家讲述了如何进行声音自测的方法,还有几种常见的声音问题及其产生的原因。此外,我们还提前简单介绍了上述声音问题可以通过哪些训练来解决。这些内容都是为了帮助大家准确了解自己的声音特质,迈出声音变现的第一步。

## 五、课后练习

请录一小段自己的声音,认真听一听,看看存在哪些常见的问题,自己需要提升的是哪些方面。

# 第二节　想要拥有好声音,先调整呼吸和发声

> **内容提要** 🔊
> 
> *1.* 播音员必备的深呼吸诀窍;
> *2.* 胸腹式联合呼吸法。

## 一、本节导入

在上一节,我们讲述了声音自测的方法与七种常见的声音

问题，有助于大家了解自己声音的特质。在常见的声音问题中，声音虚、薄的主要原因是气息不足。想要练出令人心醉的好声音，先得打好基础。这个基础就是呼吸和发声。

有些人天生有一副好嗓子，声音不经过训练也很好听，你羡慕不来。不过，如果你能掌握科学合理的呼吸和发声方法，就可以缩小先天差距，练出更好听的声音。这一节，我们将着重学习科学的呼吸方法和发声方法。下面先来讲一讲我们日常的呼吸方式跟声音专业要求的呼吸方式有什么不同。

## 二、好声音的前提是会呼吸

我相信很多人看这个标题的时候会不以为然。呼吸谁不会呢？一个人要是不会呼吸，怎么能活到现在呢？没错，呼吸是我们与生俱来，再熟悉不过的事情了。然而，我所说的呼吸与你平时的呼吸有很大区别。

我们平时的一呼一吸叫作"浅吸气"，是一种自然而然的状态。浅吸气人人都会，不需要你去刻意学习，但这种呼吸方式并不会让你的声音自动变得好听。我们声音专业说的呼吸，是指能够达到科学发声目标的呼吸方式。

在日常对话中，你可能没有明显感觉到呼吸和发声是需要学习的。不妨回想一下，当你即将进行一次重要的对话、做一场工作汇报或者担任年会司仪的时候，你就会发现自己的声音可能缺乏一些力量感，听起来比较单薄，不是那么有感染力。这就是人在浅吸气的状态下气息不足的表现。

再举一个生活中常见的例子。我们人人都会唱歌，但有的人声音动听、中气十足，有的人却五音不全、荒腔走板。特别是有些演唱者，在中低音部分轻松自如，到了高音部分就提不上去。这就是因为他们不懂得如何运用正确的呼吸方式唱歌，所以唱高音部分时的气息不足。

我们每天看电视节目时会发现，一些优秀的主持人、播音员或话剧演员的声音听起来非常洪亮，很有气场。是由于他们经过了系统的发声训练，因此声音达到了更高的标准。具体说，他们不是单纯依赖嗓子说话，而是源源不断地向声带供应气流。这才有了我们所听到的那些悦耳动听的声音。所以说，气息是声音训练的基本功。只有练好了气息，我们才能够让声音运用自如。

## 三、学会深呼吸

与浅吸气相对的是深呼吸。简单来说，深呼吸就是让我们的胸腔和腹部充满气息。在平时，我们用的是浅吸气，气息的活动范围只是在声带与胸腔这一块，并没有充满整个胸腔和腹部。那深呼吸是一种什么样的体验呢？

它应该是，在你吸气时，肩膀放松下沉，不要耸肩，胸口不紧绷，腰腹周围自然地微微膨胀（人们常说的"气沉丹田"，实际上就是这个意思);呼气时,顺畅自如不憋气,腹部随着吐出来的气息渐渐自然地向里收腹。这就是深呼吸的基本要领(见图1.1)。

a. 正确示范　　　　　　b. 错误示范

**图1.1　深呼吸的基本要领示意图**

深呼吸主要有两方面的好处。

一方面,它能让我们的气息容量变大。我们在深呼吸的时候,胸腔和腹部充满了气息。换言之,气息的活动空间大了很多,有更多的气息储备。如此一来,就不会出现气息不足的问题。

另一方面,由于有了充足的气息储备,我们的声音可以变得更有活力。气息相当于声音的血液,声带发出声音离不开气息的作用。气息储备充足,气息的流动才能更加均匀和平稳,形成的声音也会比平时更加好听。

总之,当我们改变浅吸气状态,进入深呼吸模式的时候,就会给我们的声音带来质的改变。也许你以前从来没有尝试过在说话的时候做深呼吸,或者知道深呼吸的好处,但不确定具体应该如何做,那么接下就进入今天课程的核心,我们来学习一种呼吸方法——胸腹式联合呼吸法。

## 四、胸腹式联合呼吸法

胸腹式联合呼吸法是主持人、播音员在工作中普遍使用的一种呼吸方法。其原理是由胸腔、横膈肌、腹肌来联合控制气息(见图1.2)。这种方法的呼吸活动范围大,有操控和支持声音的能力,为气息的均衡和平稳提供了有利条件。

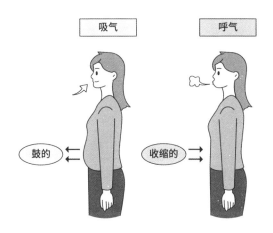

图1.2 胸腹式联合呼吸法(闻花香法)示意图

由于胸腹式联合呼吸法主要以气息来支持我们发出声音,

同时还能保护嗓子的健康，所以它也是大家公认有效的科学练气方法。

怎样才能掌握胸腹式联合呼吸法呢？结合多年的播音教学经验，我给大家提供了三个简单易学的方法。

**方法 1：闻花香法**

请大家站立在地上，双脚稍稍打开，双肩放松，闭上双眼。

然后想象一下，你走进了公园，经过一大片开满栀子花的地方，空气中弥漫着沁人心脾的花香。你慢慢地吸了一口气，不能只是满足于把香味吸到鼻子里，而是要用心感受花香的气息慢慢下沉的过程。

当花香的气息经过你的胸腔到达腹部时，你要同时感受胸腔的扩张与腰腹部的微微膨胀。吸满气停留 2 秒，心中默数"一、二"，然后再呼气。呼气时不要太着急，要均匀地慢慢呼气。关键在于，腰腹部要随着气息的释放而微微内收。

你会发现此时的呼吸状态和平时的浅吸气是截然相反的。平时吸气时主要是扩张胸腔，而腹部会自然地微微收紧。真正的深吸气恰恰相反，在扩张胸腔的同时，腹部会自然地微微膨胀。这个变化是因为你的气息充满了腹部。

以上就是闻花香法。你可以在想象中完成，也可以真的去公园闻花香。重要的是记住这种感觉：让花香的气息经由胸腔达到腹部,吸气时腹部微微膨胀,呼气时腹部微微内收。然后多练习几次,形成肌肉记忆。

**方法 2:平躺法**

平躺法是最简单、自然的胸腹式联合呼吸训练方法。这种方法不需要很多准备工作,只需要关注你自己的呼吸就好。

平躺法先是平躺下来,找一本书放在你的肚子上。接下来,深吸一口气,然后让气息通过胸腔到达腰腹部。为什么要放一本书在肚子上呢?因为这样能让你更直观地感受到腹部微微膨胀。

你会明显感到这本书正在慢慢地向上抬起。然后你再均匀而缓慢地呼气,让原本集中在腰腹部的气息缓缓地释放。这时候,你会感觉到肚子上的书本正在慢慢地降下去,直到呼完所有的气为止(见图1.3)。

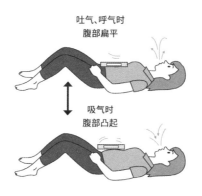

图 1.3 平躺法示意图

平躺法非常简单，你躺在床上休息时就可以练习。通过反复体会书本的上升与下降的过程，你很容易准确地找到胸腹式联合呼吸的感觉和状态。

**方法3：发单元音"a"的延长音法**

我们用刚才的呼吸方法，来测试我们是否做到了胸腹式联合呼吸，是否有足够的气流支持我们的声音。下面请你跟着我一起练习。

先准备吸气，紧接着用自己感觉最舒适的声音发"a"的延长音。需要注意的是，你在发声时要保持气息通畅，放松你的喉部，不用在意声音的长短，少用声带的力量，多用气息来发声，尽可能地让气流集中地打到硬腭前再发出。

硬腭在口腔中什么位置呢？它在上齿龈靠后一点的位置，你可以查看发声器官图（见附录3），找到准确的位置是这个练习方法成功的关键。

## 五、气息练习的误区

最后我来讲一下大家平时练习呼吸时应该避免的误区。

第一，刚开始练习时，我们可以通过夸张的呼气和吸气方式来体会练习要点，但找到相应的着力点后，就要用自己相对舒服的方式进行深呼吸。如果气吸得太满，喉部甚至全身就会僵硬。

第二，胸腹式联合呼吸法要结合喉部的放松来进行练习。关于喉部的控制，我会在后文进行详细讲解。在现在这个阶段，大家只要记住一点：整个喉部，尽量不要用力，包括下巴也不要用力，因为下巴会牵扯喉部肌肉。

第三，声音的源头在声带，气息的源头在胸腔、腹部、后腰的控制。只有以气息为基础，才能发出稳定的声音。我们可以体会一下通过腹部的收缩控制声音。

第四，专业发声的过程，也就是专业呼气、用气的过程，学会有控制地呼气、用气，才是胸腹式联合呼吸法的关键。

## 六、本节小结

在这一节，我讲述了什么是浅吸气，什么是深呼吸，介绍了胸腹式联合呼吸法对发声的意义，并且教了大家三种不同的练习方法：闻花香法、平躺法和发单元音"a"的延长音法。

气息是声音的基本功，学会控制气息才能更好地使用其他声音技巧。无论采用以上哪种方法，你在刚开始练习深呼吸的时候，会察觉这与自己平时的呼吸习惯刚好相反，所以可能会感到很不习惯。

但是，任何习惯都是我们通过不断练习养成的。胸腹式联合呼吸法是一种很讲究技巧的呼吸方法。就算是播音专业的学生，也不一定能熟练掌握。我们在练习时要认真体会，在课后

声音变现

反复实践,只有这样,你才能真正地掌握这个呼吸方法。

## 七、课后练习

先用手机录下发"a"延长音的音频;再分别用闻花香法、平躺法和发单元音"a"的延长音法三种方法进行练习,选出最适合你的方法,然后用手机录下另一个发"a"的延长音的音频;最后对比练习前后两次录制的声音,看有没有进步。

这三种呼吸法本身不难,但也没有捷径可走。学会的要诀就是练习练习再练习。

# 第三节 气息练习三步曲,让你说话掷地有声

> **内容提要**
>
> *1.* 气息的饱满程度对声音有什么影响;
> *2.* 气球漏气法,延长音练习,数枣练习。

## 一、本节导入

在上一节,我们知道了发出好声音要从会呼吸、懂发声开始,学习了胸腹式联合呼吸法,体会到科学发声方法给声音带来的改

变。我相信现在你肯定懂得了呼吸和发声对练出好声音的重要性。

但是，只懂得如何发声还不够，还要知道如何让气息变得更加深沉饱满，并把它更好地运用在声音上。

## 二、气息饱满的声音更有感染力

首先，我简单讲解一下人的发声原理。

我们正常呼吸、不说话的时候，声带是打开的，咽喉中间有一个宽宽的通道供气流通过，不会产生声音。

当我们想要发出声音时，两边的声带就会向中间闭合，气流通过声带，声带就会振动，从而发出声音。声带由黏膜、声带韧带和声带肌组成，就像笛子中的簧片，当气流通过笛管时，就会引起簧片震动（见图1.4）。

图1.4　人发声音依靠声带振动原理示意图

由此可知，发出声音需要具备两个条件：一是声带闭合，二是有气流通过。

当气息很弱时，只有收紧声带才能发出声音，这就是我们通常所说的用声带发声。当气息充足时，即使声带很松弛，也可以发出声音，这就是用气发声。想做到用气发声，就要气息饱满。

说到气息饱满，我们就不得不提到话剧演员。凡是看过话剧的朋友都知道，优秀的话剧表演有一种让人震撼的艺术魅力。这种震撼主要来自视觉和听觉。他们的表演动作一气呵成，台词功底过硬，足以让你沉浸在剧情当中难以自拔；话剧演员的声音中气十足，穿透力很强，更让人难忘。这是由话剧表演形式的特殊性决定的。

由于话剧是现场表演，舞台又离后排观众比较远，所以如果演员说台词时的音量太小，动作幅度太小，后排的观众就很难听得到、看得到。这也是话剧表演比电影、电视剧表演难度更高的客观原因。

话剧演员不仅要在表演上全身心投入，还要通过丰富的表情与肢体语言来展现人物的内心活动。在声音上，话剧演员也需要用更精湛的表现力去完成不同的内容，否则就不足以打动现场的观众。

从这些方面看，观众对电影、电视剧演员的要求是完全不同的。影视剧是先按照剧本拍摄大量素材，再选取其中最好的片段剪辑出成片。观众只看最后的成片，并不会在意演员在现场的表演如何。

由于影视剧属于可以反复重来的近距离拍摄，影视剧演员对声音的要求比话剧演员低了很多。特别是很多声音表现力不足的新生代演员，还需要后期配音来弥补自己的短板。因此，话剧表演形式就显得更加直观和真实，这也是很多艺术爱好者更喜欢看话剧的原因。

我们在很多经典话剧中都能感受到，当演员气息饱满时，说话就掷地有声，能把台词内容的意味充分表达出来。除此之外，他们说话时还给人一种"声断气不断，气断情不断"的奇妙感受。

话剧演员说的每句话之间有间隔，但气息是连贯的；即便气息会有中断的时候，情感也不会因换气而显得断断续续。这是因为气息有助于内容和情感的表达，情、声、气，也就是情感、声音和气息，三者在人们说话时是相互作用的。

我们的目标，就是以话剧演员为榜样，掌握让气息更加饱满的方法。

## 三、气息练习三步曲

练习气息的方法有不下十种，我们应该根据不同的声音情况来选择不同的练习方法。下面我们要学习气息训练的三个步骤，都是针对初学者设计的。这些方法不仅可以帮助你充分体会气息的运用，而且有助于你改变浅吸气的习惯，适应少用喉咙发声的科学发声方法。

在做每一组气息练习前，你都要先做几组深呼吸，感受胸腔、腰腹部的收缩和扩张，这能帮助你更好地进行气息练习。接下来，我们将依次讲解气息练习的三个步骤：气球漏气法、延长音练习、数枣练习。

**步骤一：气球漏气法**

气息训练三步曲是从气球漏气法开始的。通过这个练习，你能体会气流在自己体内是如何运行的。气球漏气法的要点是把你的胸腔与腹部想象成一个充满气息的气球。然后，你想象这个气球因为没有扎紧而开始慢慢漏气，里面的气被均匀地释放出来，并发出持久稳定的"si"音，它就像"千丝万缕"的"丝"字，只是我们不发音，只持续送气。呼气的气息越平稳越好。

在听完示范后，你也可以跟着练习一次。在发声前，你别忘记先深吸一口气，要在气息达到即将饱满的状态下再呼气。这样发出的声音均匀稳定、集中有力，并且能维持一定的时间长度，就好像真正的气球漏气的声音。

气球漏气法还有一个好处是能让我们呼气顺畅，没有憋气的感觉。由于气息能够被很好地控制，不会忽大忽小。因此，你对腰腹部肌肉的控制会感到明显变强,对改善气息和发声产生积极的作用。越到后面你会越感觉到腹部在自然地渐渐向内用力。久而久之,你的气息会越来越足。

需要注意的是,我们千万不要把"气球漏气"变成"气球泄气"。"气球泄气"的具体表现是,呼出的气息不均匀,时大时小,发声的时间很短。更重要的是,你的腹部没有作用力,所以丝毫没感觉。这样就达不到我们练习的目的了。

气球漏气法既可以强化我们对气息的控制力,也能检测出自己的气息是否充足。每次练习时长不低于 15 秒,反复练习之后还可以增加时长。

## 步骤二:延长音练习

气息练习的第二个步骤是延长音练习,具体而言就是练习"a""o""e""u"等延长音。比如,延长音"a"在上一节讲呼吸发声练习时我们也有提及,它是气息练习中最基础、最有效的训练方法。这个训练可以让我们的气息在发声时更加自如、均匀、流畅。我个人在练声时必定会做这项练习。

在练习时,我们先单独发"a""o""e""u"的延长音,再把所有的延长音都连起来发。我们发声时要注意做到均匀呼出气息,这样发出的声音才是平稳持久的。刚开始练习时,你可能会发现自己发音的时间很短,只能持续短短的几秒钟,就接不上气了，那是因为你还在用浅吸气。你必须调整自己的呼吸，先深吸气，再发音。按照这个方法慢慢练习，发延长音的持续时间就会越来越长。

**步骤三：数枣练习**

经过前两个步骤的练习，你的气息会变得比较稳定、均匀，持续时间也会变长。但是日常对话不可能只发单音节的延长音，你必须学会在日常说话中灵活地控制气息。接下来的数枣练习能让你学会如何轻松自如地控制气息的灵活度。

数枣是一个很经典的气息练习方法，几乎每个学语言表达的人都练过。包括主持人、话剧演员、相声演员都数过枣。为了让大家更好地完成数枣练习，请大家朗读下面的文本。我们分三口气来练习。

> **基础版数枣文本**
>
> 出东门，过大桥，大桥底下一树枣，拿着杆子去打枣，青的多，红的少，一个枣、两个枣、三个枣、四个枣、五个枣、六个枣、七个枣、八个枣、九个枣、十个枣、十个枣、九个枣、八个枣、七个枣、六个枣、五个枣、四个枣、三个枣、两个枣、一个枣，这是一个绕口令，一口气说完才算好。

示范音频1-3-1

之所以要大家用三口气来读完，是因为我想让大家养成一个好的换气习惯。在数枣时要注意发音清晰，不要囫囵吞枣，要把每一个枣都数清楚。此外，每一口气都要尽量控制好，不偷气，不补气，也不憋气，顺畅地把气息随声发出来。特别是中间的数枣部分，要一气呵成地把 20 个枣数好，还要保证声音的质量、大小和稳定性。

在这里要注意，你不要觉得自己的气息比较弱，就小心翼翼地数枣，也不要匆匆忙忙地数枣。这样一来，你的气息反而会变得很浅，难以持久。要记住，你越是大方自如地呼气，气息持续得越久。只要你能数完 20 个枣，就不用顾虑气息够不够了。

刚才的数枣只是基础版本。如果你觉得数完 20 个枣已经不在话下了，就可以考虑练习升级版的数枣。

> **升级版数枣文本**
> 出东门，过大桥，大桥底下一树枣，拿着杆子去打枣，青的多，红的少，一个枣、两个枣、三个枣、四个枣、五个枣、六个枣、七个枣、八个枣、九个枣、十个枣、十一个枣、十二个枣……

示范音频 1-3-2

升级版数枣文本与基础版数枣文本的区别在于对枣的个数没有限制，你能数多少个就数多少个。但我要提醒的是，不管是基础版还是升级版，你都应该注意声音的质量。我们训练气息不是为了比气长，而是为了最终练出好声音。

以上气息训练的三个步骤，可以在早晨练习，也可以在晚上睡觉前练习。除了身体疲劳的时候不要练习外，你可以在任何自己觉得放松的时刻练习。从现在开始，你要坚持用气息去发声。这样你会发现自己的声音更有底气了，原来觉得说话吃力的部分会变得轻松。当你学会主动掌控气息，气息就会为你的声音服务。

## 四、本节小结

在这一节，我们主要学习了气息练习的三个步骤：

1. 气球漏气法；
2. 延长音练习；
3. 数枣练习。

## 五、课后练习

你至少每天抽出 20 分钟，用以上三种方法来改进自己的气息。

在此基础上，我再给大家提供一个扩展练习：

一二三、三二一、一二三四五六七,七六五、五六七、七六五四三二一。

一口气不间断直到气息吐尽，中间不可以偷气、换气、补气，至少完成两个来回，气息能力较强的朋友可挑战完成 3—4 个来回。

如果可以的话，我建议你进行一些身体锻炼，比如瑜伽、跑步。在进行这些锻炼的时候，你一定要注意身体的呼吸，改掉浅吸气的习惯，坚持用胸腹式联合呼吸法。身体锻炼将会为我们的气息练习带来很大的帮助。

## 第四节　纠正发音，像播音员一样字正腔圆

> **内容提要** 🔊
>
> *1.* 字头、字腹、字尾的吐字归音；
> *2.* 难点字音讲解。

## 一、本节导入

在前面三节，我们学习了常见的声音问题，科学呼吸与发声及气息练习方法。只要坚持每天按照上文提到的方法进行气息练习，你就可以为练出好声音打下扎实的基础。在这一节，我准备讲解如何纠正错误发音的办法，帮助大家找到并有效克

服自己发音方面的错误。

好听的声音离不开规范的吐字发音。如果普通话水平不过关，说话时读音不规范、不标准，就算你的嗓子再好，声音效果也会大打折扣。

受种种原因影响，很多人在说话的时候有一些很明显的吐字问题，比如发音不饱满、吐字含混不清、吃字、吞字、音包字等。为了避免字音不准影响整体的声音呈现，接下来，我们将着重学习吐字归音的要点以及难点字音的正确读法。

## 二、吐字归音

通俗来讲，吐字归音就是一种发音技巧，它能让你在说话时发出清楚、准确、完整的字音。有的人说话含混不清，这是吐字归音没有到位的一种表现。有的人说话时咬字太用力，在别人听起来好像说话很吃力的样子，这是发音部位不准确的一种表现。

不擅长吐字归音的人，在说话时通常把两个字音合并成一个字音。这种吐字不完整的现象叫作"吃字"，在我们平时生活中十分常见。

我在北京上大学期间，有一次乘坐公交车的时候，碰到了一位说话喜欢"吃字"的售票员。她的说话方式我至今仍记忆犹新。有一个站台名称叫"公主坟"，她是这么说的："公坟儿……公坟儿……"她的吐字归音是很不完整的，再加上北京特色的儿化音，很难让人听清楚她在说什么，尤其是对于外地人来说。

在我们的汉字体系中，想要做到吐字清晰，就必须读准声母、韵母和声调。此外，还要注意口腔的开合和嘴唇的形状。听一听优秀的主持人、配音员说话就不难发现，他们把吐字归音和字正腔圆发挥到了极致。他们的声音听起来是那么圆润饱满、流畅自如，让你在不知不觉中沉醉。

为什么说吐字清晰、饱满圆润的发音对我们非常重要？

因为这样的发音可以让我们在人际交往中更占优势。当你吐字清晰、声音饱满圆润时，你说话的内容会显得更有说服力。特别是在职场沟通的场合中，对方会根据你的谈吐来判断你的专业程度，懂得吐字归音的人会给对方留下一种更专业、更自信的职业形象。

想要漂亮地完成吐字归音，需要做的就是把握一个字的字头、字腹和字尾。可能你对这几个词语感到很拗口、陌生，但其实我们很小的时候就学过相关知识了。

字头、字腹、字尾的发音都有各自的要求和标准。

- 字头的发音要准确有力，也就是读准声母，发音不能含混；

- 字腹的发音要圆润饱满，也就是韵母的发音要完整，不能只发一半；
- 字尾的发音要归音到位、干净利落，也就是韵尾发音要做好收尾，尤其是后鼻韵作韵尾时不能没有收尾。

比如说唱歌的"唱"字，它的声母是"ch"，韵母是"ang"，韵尾是后鼻音"ang"，完整的发音是"chang"。不完整的发音容易变成"chan"，这就是韵尾没有收尾。有的人会错读成"cang"，把声母的翘舌音发成了平舌音。

总的来说，完整的吐字归音的形状就像一个枣核，中间圆，两头尖。你可以在网上搜一搜董卿老师在电视节目《中国诗词大会》中的开场词，听一听她的发音。她的吐字归音非常完整，我们可以拿这个当做练习素材，不断对比和纠正自己的发音，练成完整的吐字归音。

## 三、难点字音讲解

众所周知，我国有着丰富的方言文化，真可谓"五里不同音，十里不同调"。即使我们未必能准确说出各大方言区的发音特点，也一定在听到特定方言时能迅速指出其所属区域。除了语调不同，各种方言之间的最大区别就在于咬字位置和发音的声调。

如果你希望让自己的声音在某些正式的场合显得更专业、更有说服力，那么就要检查一下自己是否存在吐字不标准、不清晰的问题，然后再有针对性地改善它。

字正腔圆不仅与吐字归音密切相关，还与普通话是否标准有着直接的关系，我们在第一节提到 A 级语言能力的特征是发音准确、吐字清晰。为了达到这一目标，我们需要不断校正自己的地方音和习惯音，这也叫正音练习。

我们在做正音练习的时候，要对照课程文本中的发声器官图解（见附录 3），查看我在这里提到的发声部位，因为接下来我所提到的一些发声部位，都是我们平时不太熟悉的。那么我们就开始重点学习普通话中最常见、最容易出错的三组难点音。

## 1. 平舌音与翘舌音

第一组难点字音是平舌音与翘舌音，也就是我们说的 zi、ci、si 和 zhi、chi、shi。由于我国有多个地区的方言都不分平舌和翘舌，所以这些地区的朋友在说普通话时也难免出现发音不准的问题。

之所以有很多人发不准这组音，主要是因为他们听不出来这组音之间的区别。所以首先要能够听辨，知道它们的发音技巧有什么区别。

平舌音 zi、ci、si 也叫"舌尖前音"。从字面上去理解，舌尖前音就是舌尖和上齿背接触发出的音。发好舌尖前音要注意以下三点。

首先，找准接触位置。正确的位置是舌尖与上齿背接触。我们要注意，避免用舌头大面积地接触上齿背。那样会破坏发音效果。

其次，在发音时力量集中。当你用舌尖接触上齿背时，力量要集中在舌尖上。如果力量不集中或集中在其他位置，那这个发音听起来就是软弱无力的。

最后，避免舌尖与上下牙齿的中间接触。因为那样发出的声音，听起来就像是我们平时说的"有点咬舌头、字头大"了。

我们再来看翘舌音 zhi、chi、shi。翘舌音也叫舌尖后音，是指舌尖与上齿龈后部接触发出的音。与平舌音相比，发翘舌音时舌尖的位置要放得靠后一些，在上齿龈往后一点，舌头是翘起来的。

发翘舌音容易出现两个问题。

一是容易把翘舌音发成卷舌音。你肯定听说过"卷舌音"这种说法，但从实际发音位置来看，这个说法是不准确的。具体而言，就是翘舌这个动作太过用力。卷舌音实际就是翘舌音动作变形造成的错误读音。

二是发音偏前，也就是舌头没有翘起来，舌尖的位置接近平舌音的位置。那些平舌音和翘舌音不分的朋友，主要症结在于发音时不懂得怎样把舌头翘起来，舌尖后音发成了跟近似舌尖前音的声音。

你发现了吗？我们发平舌音的时候，舌头是伸直的；而发翘舌音时，舌头是往上翘的。这也是我们会把这两个音分别称为平舌音和翘舌音的原因。

总之，区别平舌音与翘舌音的关键有两点。

第一，发音位置不同。平舌音是舌尖与上齿背接触，翘舌音是舌尖与上齿龈后部接触。

第二，舌头的动作不同。平舌音的舌头是伸直的，翘舌音的舌头是往上翘的。

在了解平舌音与翘舌音的区别之后，我们来做一个强化练习。请跟着示范音频阅读一个简单的绕口令：

四是四，十是十，十四是十四，四十是四十。

示范音频1-4-1

## 2. 鼻音与边音

我们再来看第二组难点音——鼻音与边音。鼻音与边音都叫"舌尖中音"，舌尖中音就是指舌尖与上齿龈接触发出的音——n、l。

很多地方的方言都是n、l不分的，这很大程度上是因为发这两个音时舌头的接触位置是一样的。既然舌头是接触同样的位置，到底两个音的区别在哪里呢？其中奥秘在于以下两点。

第一，是上、下牙齿间隔的距离不同。

在发鼻音n的时候，上、下牙齿比较接近。发边音l的时候，上、下牙齿的距离远一些，嘴型接近微笑的状态。

第二，就是它们的发音方法不同。

n是鼻音，发音的时候，气息是从鼻腔流出来的。l是边音，发音的时候，气息从舌头的两边流出来。如果你感觉很难理解，就把自己的鼻子堵住，再试试发n和l。发音困难的就是鼻音n，因为你的气息出不来了；相反，发音不困难的就是边音l。

也许你会产生新的疑问——翘舌音好像也是舌尖与上齿龈接触发出的音。哎，要注意了，翘舌音是舌尖与上齿龈后部接触发出的音，而鼻音和边音是舌尖与上齿龈接触发出的音。两者的区别就在于接触位置到底是上齿龈后部还是上齿龈。

虽然这两个部位距离很近很近，但恰恰是这一点点微小的距离，就形成了不同的字音。我们只有了解正确的发音部位，才能从根本上改掉口音问题。

之所以有的人会发错这两个音，是因为受方言的影响，不知道哪些字该发n，哪些字该发l，这就需要在《现代汉语词典》上查看正确的汉语拼音了。在明确读音之后，最重要的还是通过练习来找准发音部位。下面这两段绕口令对纠正 n、l 读音很有帮助。

> 绕口令 1：南边来了两队篮球运动员，男运动员穿了蓝球衣，女运动员穿了绿球衣。不怕累，不怕难，男女运动员努力练投篮。
>
> 绕口令 2：刘郎恋刘妞，刘妞恋刘郎，刘郎年年恋刘妞，刘妞年年恋刘郎，郎恋妞来妞念郎，念妞恋妞郎恋郎，念恋妞郎。

### 3. 前鼻音与后鼻音

最后一组难点音是韵母音节，主要是前鼻音和后鼻音，即我们常说的前鼻音 in、后鼻音 ing。

这组音的发声方法和鼻音一样，气息从鼻腔流出。发前鼻音 in 的时候，舌尖顶住上齿龈，发出 n。发后鼻音的时候，舌后部隆起，舌根尽力后缩，顶住软腭。我们在发音时还要注意看口形，发前鼻音时口形较闭，发后鼻音的时候口形会稍微张开一些。

在实际运用中，我们不能只有发音趋向而没有真实的发音位置，否则前后鼻音就会混淆。我们还是通过一段绕口令来强化练习。

> 生身亲母亲,谨请您就寝。
> 请您心宁静,身心很要紧。

示范音频1-4-3

## 四、本节小结

我们学习了吐字归音的要点,即字头要准确有力,字腹要圆润饱满,字尾要归音到位;还学习了汉语普通话中常见的三组难点字音,即平舌音与翘舌音、鼻音与边音、前鼻音和后鼻音。除了讲解这三组难点字音的发音位置与发音方法,我还提供了几段绕口令来辅助练习,帮助你纠正不标准的口音,发出吐字清晰、字正腔圆的好声音。

## 五、课后练习

运用我本节讲述的发音方式,进行绕口令练习,然后把声音录制下来,通过回听找出自己的发音问题。注意纠正自己的发音位置和发音技巧,争取尽快学会说一口完整吐字归音、字正腔圆的普通话。

## 第五节　控制口腔，解锁让声音变好听的 12 个密码

**内容提要**

1. 了解口腔肌肉，探寻发声的奥秘；
2. 了解让声音更好听的 12 个关键点，成为吐字发声的高手。

## 一、本节导入

在上一节，我讲了吐字归音会让你说话更加字正腔圆。通过勤奋的练习，相信你已经改掉了一些关于发声的不良习惯，完成了从 0 到 1 的蜕变。眼下的你应该不仅学会了胸腹联合式呼吸，而且懂得了运用气息来优化音质。但这只是入门，离拥有专业的声音表现力还相去甚远。

光靠气息和先天的嗓子，还不足以彻底释放你的声音潜力。你还需要在很多细节上加强训练。接下来，我们要从生理学的角度来探索关于增强声音表现力的奥秘。本节的重点是了解口腔肌肉对发声的影响，以及怎样更好地控制口腔肌肉，让你的声音充满令人回味无穷的魅力。

## 二、解锁让声音变好听的 12 个密码

我们在发出各种声音的时候，肯定会用到一些肌肉。不知你是否注意过，自己说话时有哪些部位的肌肉在动呢？

请大家跟我一起来探索一下，说话时可以对照镜子，尽量找得仔细一点。你感受到自己的嘴巴在动，但嘴巴是由软腭、硬腭、嘴唇等多个部位组成的（见附录 3）。

找准了这些部位，也就找到了发声的奥秘。接下来，我们按照从外向内、从前往后、从上往下的顺序，逐个介绍这些部位在发声时起到的作用，同时讲解一些与这些部位有关的声音优化技巧。

**1. 嘴唇使用要领**

嘴唇分为内唇和外唇。外唇就是嘴唇的外部，上面有很多细纹而且干燥。当你撅起嘴巴时，就会看到嘴唇内部还有光滑湿润的部分，这就是内唇。很多人会说，又不是要评价长相，分析嘴唇有什么用？不，嘴唇的用处非常大，仅这一个部位就藏着三个让声音变得更好听的关键。

（1）说话不能满唇用力

我们尽量有意识地把力量集中在嘴唇中间的三分之一处。你来对比以下两个音频，自己体会一下。

这是满唇用力的"春眠不觉晓"。

示范音频 1-5-1

这是集中用力的"春眠不觉晓"。

示范音频 1-5-2

你听,是不是嘴唇集中用力发出的读音更好听!

(2)分清内外唇的发力位置

以"八"字的读音为例。

外唇用力发成的"八"。

示范音频 1-5-3

内唇用力发音的"八"。

示范音频 1-5-4

内唇用力发音的"八"更加灵动轻巧。

(3)嘴角可以稍微向两边延展

当你开口说话或朗读之前,嘴唇不要保持完全松弛的状态,而是微微咧着嘴,让嘴唇微微贴着门齿。这样做的好处就是,你一开口就处在一个相对积极的状态,让发音更加自然流畅。你可以尝试练习一下用这种嘴唇状态来发微信语音,然后跟平时发声的效果进行对比。

**2. 颧肌使用要领**

图 1.5　颧肌上提示意图

我们刚刚解锁了嘴唇的三个魅力发声密码。现在考一考大家:第三个关键嘴角延展是靠什么肌肉完成的?答案是颧肌,也就是从人中到两边颧骨的这两块肌肉。在开口发声之前,我们需要颧肌微微紧张,颧肌上提也是美化声音的重要技巧。你可以通过微笑找到颧肌紧张上提的感觉(见图 1.5)。

颧肌上提的好处是,能让与说话相关的外部肌肉,比如两腮、唇部、人中等部位处于积极灵活的状态,同时有利于扩大口腔。我们在前面提到过,扩大口腔的好处是不仅可以让你的声音更明亮,而且可以为吐字清晰创造了一个灵活的空间。我们在后面的章节还会提到关于颧肌的用法。

## 3. 下巴使用要领

接下来让我们把目光聚焦在嘴唇的下方,也就是下巴。下巴是下颌骨的一个部分,它自己没法动,但在说话的时候,它的位置是靠下、靠后的,而不能靠前参与发声。这样就自然形成了一个动作——收下巴。

收下巴也是一个很重要的控制口腔肌肉的动作。我们的口腔空间是由上、下颌骨的中间部分组成,下巴向下、向后收,就为口腔进一步打开了空间(见图 1.6 a)。这与颧肌上提来扩大口腔异曲同工。

需要注意的是,我们在收下巴的同时,还要保持下巴放松。记住!颧肌要微微紧张,但下巴要放松。外行人的一个常见错误是,让下齿在上齿的前面。用我们播音行业里的说法叫"地包天"(见图 1.6 b)。

a. 正确示范　　　　　　b. 错误示范

**图 1.6　收下巴的要领示范**

> 你如果这样说话，就是下巴紧张、口腔狭窄、发音僵硬。

示范音频 1-5-5

> 如果把下巴收起来，发出的声音就会有所不同。

示范音频 1-5-6

这里我们又解锁了两个让声音变好听的关键：（1）下巴放松；（2）下巴向下、向后回收。

**4. 舌头使用要领**

舌头也是一个极其重要的发声部位。汉语中许多与说话有关的成语都包含"舌"字，比如"巧舌如簧""三寸不烂之舌""油嘴滑舌""唇枪舌剑"等。

舌头是我们身上最灵活的器官之一，但不是每个人都能用好舌头。大家常说的"舌头笨"，其实就是舌头不够灵活，在发声时舌头没有放到正确的位置上。

我们的舌头在发声之前是收着的，蜷缩在口腔的后部，不轻易出来活动。你现在可以感受一下，当你需要发声的

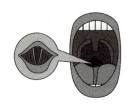
图 1.7 舌头工作的原理

第一章 入门基础课：从零开始改掉你的发声问题

时候，舌头的前半边在左右翻转辅助发音（见图1.7）。

错误的发声方法是满舌头用力。你来体会一下用满舌的方式来读这句话：

用满舌的方式：欢迎来到声音学堂。

然后再来体会一下，用我们说的舌头运用方法来读：

正确运用舌头的方式：欢迎来到声音学堂。

后者是不是比前者好听很多？

这里我们又掌握了两个让声音变好听的关键：（1）把舌头整体收起来；（2）如果说话时需要舌头动，就尽量用舌头的前半边。

## 5. 软腭使用要领

除了舌头，还有一个很容易被忽略的发声部位，那就是软腭。人的上颚分为硬腭和软腭，软腭就是舌根上方软软的部分。我们在发音的时候，应该尽量抬升软腭。你可以体会一下打哈欠的感觉，因为人在打哈欠的时候，软腭是抬升的。软腭抬升也会让你很自然地打开口腔，让声音更加饱满（见图1.8）。在这里，我们又解锁了一个让声音变好听的密码——挺起软腭。

到现在，我们已经解锁了优化声音的九个密码。这一套动作做下来，你会惊奇地发现，当你完全打开口腔之后，发音会更积极，能告别那些懒散含混的错误发音方式。而且口腔共鸣会让你的声音更明亮，吐字更清晰有力（见图1.8）。

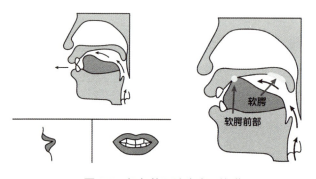

图1.8 挺起软腭让声音更饱满

## 6. 吐字圆润

除了以上几个口腔肌肉的使用要领之外，吐字圆润也是很重要的优化声音方法。所谓"吐字圆润"就是发声两头小而中间大。具体放在一个字音上该怎么做呢？我们在第四节课中简单讲过，想做到吐字圆润需要把握三件事：字头、字腹、字尾。

接下来再讲一讲更具体的细节。

（1）字头

字头就是字的开头。字头的发音要准确、清晰，这关系到你的咬字是否准确。你来体会一下这两个发音的区别："柴"（示范音频1-5-9）和"柴"（示范音频1-5-10）。这需要嘴唇与舌头的配合精准到位，但同时也不能咬得太死"柴"（示范音频1-5-11）。

这个力度的分寸是，舌头和牙齿碰一下就离开。打个比方，老虎叼着自己的虎崽跳过山涧，用力过大，小老虎会被咬伤；用力太轻，小老虎就会掉下去。如果咬字太用力，字音就会发得太死。如果咬字太轻，字音就发不清晰。你需要用心体会恰当的咬字力度。

（2）字腹

字腹，简单来说，就是字的中间，此处的发音要饱满、绵长，能立起来。这是吐字圆润的关键，该响亮的部分一定要把声音拉开、立起来。比如"柴"这个字拼音的中间是a，发音的时候这个拼音要延长、拉开、立起来。你来体会一下"chai"。

（3）字尾

字尾就是字的尾巴，要弱弱地收起，并且收的趋势准确。

比如，前鼻音不能收到后鼻音上。在"柴"这个字里，收尾的拼音是什么呢？"chai"，对，是"i"弱收，并且趋势明显，不能发成"cha"，归音就归到"a"上去了，这就是趋势错误。

现在我们又解锁了声音变好听的三个密码：（1）字头叼住弹出；（2）字腹拉开立起；（3）字尾弱收到位。

我们通过几个字和成语体会一下吐字圆润的感觉：江、河、湖、海，江河湖海；一、马、平、川，一马平川。

## 三、本节小结

在这一节，我讲解了关于口腔肌肉各个部位对发声的影响，然后介绍了各个部位的使用要领，并解锁了让声音好听的12个密码：

（1）唇部集中用力而不是满唇用力；

（2）嘴唇贴牙齿，微微向两边咧开；

（3）发有些字音时内唇用力，不要包着嘴唇外唇着力；

（4）颧肌要提起来，用微笑的表情去找感觉，但不完全是微笑的状态；

（5）下巴放松；

（6）下巴再往后、往下收一点；

（7）舌头整体后收；

（8）需要舌部发音，就用舌的前半部分；

（9）挺起软腭，用打哈欠的动作去找感觉；

（10）字头叼住弹出；

（11）字腹拉开立起；

（12）字尾弱收到位。

合理运用口腔肌肉各个部位，你就能充分打开口腔，让每个字的发音清晰圆润，从而达到吐字如珠的境界。

## 四、课后练习

请你从现在开始，制订一个改善自己声音的练声计划，充分锻炼你的口腔肌肉，并熟练掌握以上 12 个发声技巧。

这里有一点需要注意，你在练习的时候千万不要急于求成，先找到这些部位和发声关键点，分别练习掌握。不要一开始就想兼顾所有的发音部位，一吐字就可以做好字头、字腹、字尾的处理，这是不切实际的。这也是为什么那些演员、专业播音员需要经常练声的原因。

想要达到专业播音员的播读前状态，这一步步练下来需要时间和坚持。按照上述方法精雕细琢，给自己的声音做一次美容手术，这样才能让自己的声音一鸣惊人。

声音变现

## 第六节　正确使用喉部，让你的声音更有感染力

> **内容提要** 🔊
> 
> *1.* 喉部是怎么影响声音的情绪表现力的；
> *2.* 如何正确使用喉部肌肉，发出更好听的声音。

### 一、本节导入

在上一节，我为大家讲述了让声音更好听的 12 个关键，从嘴唇到颧肌的使用，从下巴到软腭到舌尖的功能，再到字头、字腹、字尾的处理技巧，凡是与口腔肌肉运用有关的要点都包含在内。你经过上次的课后练习，有没有解锁其中几个技能呢？

在这一节，我们要讲的是嘴巴的邻居——喉咙。想要练成播音员或声优那样好听的声音，仅学会控制口腔肌肉还不够，还需要正确地使用你的喉部。喉部不只是发声器官，它在很大程度上决定了你的声音有没有丰富的情感。

很多人的嗓子条件不错，气息运用也不差，吐字还算圆润，

可就是打动不了别人。他们的问题可以用一个网络流行词语来形容，那就是"棒读"。棒读的意思是缺乏感情地读诵，干巴巴地发音。说话始终保持单调的节奏，没有抑扬顿挫，该重读的不重读，这样的声音听起来自然枯燥乏味。

我有很多方法能让你的声音充满感情，但你首先要学会控制喉咙，然后才能学习更多的技巧。下面先来讲一讲喉部肌肉如何影响声音的情绪表现力。

## 二、喉部肌肉与声音的情绪表现力

我要先告诉你一个好消息。情感丰富的声音并不是专业人员独有的，更不需要天赋。其实，只要是个喉咙能正常发声的人，都具备这种能力。

你可以观察一下身边的婴儿或儿童。婴儿或儿童可以毫不费力地喊出他要做的事，讨要他想吃的东西，表达自己的身体感受。因为他的情绪和呼吸紧密联系。

比如，人在愤怒的时候，呼吸会变得急促且喉部肌肉呈紧张状态；在满足的时候，心跳平复且会放松呼吸；在急迫的时候，会快速地呼吸和换气。这些呼吸状态与喉部肌肉状态，都会转化为带有相应情绪的声音。所以你一听就知道他们有什么小情绪。

既然如此，为什么很多成年人反而丧失了这种能力呢？我们不妨回想一下自己幼儿时期的情况。当你随心所欲地发出带情绪的声音时，大人会怎么做？会教育你要讲礼貌，不要吵闹，要慢慢说，不要着急。

你看，从这时候开始，一个人的声音就与他的内心情绪产生脱节。在文明的教化下，他学会了怎样讨人高兴，学会了用控制声带改用一种乖巧的声音说话，学会了克制情绪甚至喜怒不形于色。久而久之，他的声带就不再能够还原内心丰富的情绪，声音也不再像儿时那样富有情绪感染力。因此，很多所谓的成年人的朗读声音苍白乏味，矫揉造作，无法有效传递自己真情实感。

那么我们该如何找回声音中的情感呢？专业演员有一种还原情绪的训练方法叫作"解放天性"。

解放天性就是把人本身就有的七情六欲，通过语言、场景的感染和引导，淋漓尽致地释放出来。同样道理，我们想要让自己的声音还原内心的情感，也需要经历放松、想象、投入、沉浸，以这种方式来获得文字作品的情感。当你获得情感之后，再让情绪支配自己的一系列生理活动，这样发出的声音就是自然而有感情的。

这时你会发现，在有情绪的时候，你的呼吸、换气、喉部的紧张程度、心跳都是不一样的，在这种状态下发出的声音，就带出了内心的情绪。这个过程就是把一个人从婴儿到成年失去的情绪表现力，再一步步找回来。

## 三、怎样控制喉部

有读者可能会问，为什么要控制喉部呢？因为喉部承载着声带，声带的紧绷或松弛，呼吸的急促或舒缓，喉部的紧张或放松，都会影响情感还原的效果。接下来，我们一起来看一下控制喉部的几个技术要领。

**1. 放松**

喉部控制的第一个要领就是放松。其实放松也是一种控制，控制喉咙不过分紧张。这样声音通过喉咙的时候才不会被紧绷的声带挤压变形，从而保持自然、持久、丰满和富于变化的音质。

在发声之前，我们先做一个动作：用上下门齿轻轻咬住手指，缓缓吸气，喉部放松，发出"啊——"。这就是喉部放松发声的状态。大家仔细体会一下，然后记住这种感觉。既不是完全放松，也不是刻意紧绷，而是将声带轻轻靠拢。当你能做到这一点时，音质会有明显的改善。

**2. 稳定**

喉部控制的第二个要领是稳定。有的人说话，时间一长就

容易不自觉把调子拔高，有的人为了一味地追求嗓音的浑厚，

（压低喉头说话）像这样

我们需要找到自己的中声区。中声区就是自己平时喉部最放松状态下的声调。对于我来说，"这是我的高声区"（示范音频1-6-2），"这是低声区"（示范音频1-6-3），"这是中声区"（示范音频1-6-4）。这时候，我们可以摸一下自己的喉头，感觉它的准确位置。我们平时用声要保持喉头位置的稳定，最有效的办法就是尽量使用自己的中声区。

### 3. 虚实结合

喉部控制第三个要领是学会虚实结合。

实声指的是声带紧密靠拢时的发声状态。

（实声）啊——

虚声指的是声带松弛状态下的发声状态。

第一章 入门基础课：从零开始改掉你的发声问题

> （虚声）啊——

实声、虚声指的是情感表现最常用的发声状态。

通常的用声状态是以实声为主，虚实结合。我们先来体会一下实声的典型应用场景——新闻播报。这也是很多音频平台上声音变现常见的品类。

> 北京时间10月26号，东盟国家领导人陆续抵达成都，参加为期6天的中国西部国际博览会。

你可以听到这一段声音当中的实声，传递出客观、明朗的情绪。

虚声要表达的情绪跟实声截然不同。在我们需要表达神秘、歌颂、浪漫、梦幻、深情等情绪的时候，往往会用到虚声。很多有名的声音播客，非常擅长用虚声来播讲灵异、玄幻、悬疑类小说，从而收获了大量粉丝和酬劳。

总之，虚声是声带松弛状态下，通过增大气息量发出的一种声音。我们一起来听听：

> 这些神秘文字，到底是何人所留？

你在这段声音当中，有没有体会到悬疑、神秘的情绪呢？

**4. 声音的弹性**

喉部控制的第四个要领是保持声音的弹性。

声音工作者的使命就是把文字形象转化为声音形象。字里行间有千变万化的情感需要声音去还原。这就要求我们的声音有充分的弹性来适应各种情感。除了刚才所说的虚实声，我们还需要进一步掌控好声音，做到高音高而不破，低音低而不散。

这里我们用一个方法：每天做开声练习的时候加上这个环节，螺旋上升下降。

我给你演示一下，你可以跟着模仿：

> （螺旋上升下降）啊~~~~~

**5. 气泡音**

最后和你分享一个声音练习方法——气泡音。什么是气泡音呢?

我先来演示一下什么是气泡音:

(气泡音)啊——

接下来,我带你发一下,首先发出原音:

(原音)啊——

然后逐渐减弱气息量、降低音量,慢慢低头。这时候声音会逐渐过渡到气泡音。找到气泡音之后,我们熟悉一下发气泡音的感觉:

(逐渐过渡到气泡音)啊——

你可能会问,气泡音有什么作用呢?不起眼的气泡音用处很大,主要表现在以下几个方面:

(1)如果声音太紧,声音太实,可以练习气泡音来放松声带，增加声音的感情色彩。

（2）如果声音太虚，也可以发气泡音来改善。因为人在发出气泡音之后会下意识地增加气息供给，此时进一步拉紧声带，就会发出实声。这是以虚找实的办法，通过练习气息和喉部控制增加声音的力量。

（3）虚声是我们正常用声的起点，也就是我们声音不紧不松的状态。在发出气泡音后，我们的呼气增加，可以发出声音，这就是自然流畅的用声状态。

（4）气泡音是被业内公认的放松声带的好方法，因为这种声音是在声带松弛、半闭合状态下发出的。在气泡音推动下，气息起到了按摩放松声带的作用。如果你的嗓子累了，可以考虑使用气泡音调整声带，休息嗓子。

## 四、本节小结

在这一节，我们了解了喉部控制的几个要点，喉部放松控制、喉部稳定的中声区、喉部松紧结合的虚实声，功能多样的气泡音。只有学会正确使用喉部肌肉，你才能轻松自如地控制自己的声音。

## 五、课后练习

最后再给你布置一个小作业，根据本节课中的方法来练习喉部控制，并且最后用气泡音的方式放松。

第二章

# 塑声进阶课：

## 让你"声"入人心的小技巧

## 第一节　把握说话节奏，让你的表达充满韵律

> **内容提要** 🔊
>
> *1.* 说话节奏的重要性；
>
> *2.* 语速太快或太慢造成的影响；
>
> *3.* 怎样合理控制语速，找到好声音的韵律。

### 一、本节导入

在上一章中，我们介绍了关于声音的入门基础，从零开始帮你改掉常见的发声问题，养成正确的呼吸习惯，用口腔肌肉与喉部科学发声。通过上一章的学习，想必你已经具备了一定的专业基础，普通话水平有所提高，已经能把话说得铿锵有力、字正腔圆，有一定的感染力了。

从本章开始，我们就进入了一个新的学习阶段，要在此前

的基础上进一步打磨出优美、动听的好声音,更好地打动你的听众。在第一节,我们来讲一讲声音韵律中的节奏训练,让你学会合理掌握话语的节奏,找到声音的韵律。

## 二、说话节奏的重要性

《道德经》有云:"有无相生,难易相成,长短相形,高下相盈,音声相和,前后相随。"这句话既指出了事物相反相成的辩证法,也表明了节奏的重要性。

节奏是自然、社会,以及人的活动中一种与韵律结伴而行的有规律的突变。毫不夸张地说,节奏的变化是事物发展本源,艺术美之灵魂。韵律指诗词中的平仄格式和押韵规则,引申为音响的节奏规律。没有韵律的声音是没有生命力的。

说到韵律,我们十有八九首先想到的是音乐。不同的音乐旋律,会带给人不同的感受。比如摇滚乐让人热情澎湃,爵士乐让人惬意放松。不同的音乐类型还能烘托出不一样的氛围,比如影视剧的背景音乐,是为了增加剧情和人物的张力而创作的。

我们平时说话的声音是否也有韵律?答案是肯定的。我们说话的节奏快慢、声调高低和话语之间的停顿和连接,共同组成了声音的韵律。只要能把握好声音的韵律,你说的话就会像乐曲一样流畅动听。

遗憾的是,说话的节奏在我们的声音学习中经常被忽视,因为很多人认为"说话的节奏"不像发声、咬字一样有可以准确衡量的标准。他们还没意识到自己说话节奏的不足，正在影响着声音传递的效果。事实上，说话的节奏是语言表达中非常重要的一环。四平八稳、腔调呆板的声音，是我们实现声音变现的一只拦路虎。

## 三、对比不同的说话节奏

说话节奏的差异会塑造出不一样的声音语境。请大家回想一下，那些让我们印象深刻的声音，在节奏把握上有什么差异。我们来听听以下三种不同的说话节奏。

我们先听示范音频 2-1-1，这一段声音来自读书频道。这个人的声音语速均匀，快速而有力，且一字千钧、句句着力，重点词语清楚沉稳。你感受一下，这样的说话节奏是不是给人一种理性、客观、专业的印象呢？

示范音频 2-1-1

> 10 月初在英国的时候，我接受了《帝国》杂志的采访。有人问了我一个关于漫威电影的问题，我回答说：我试着看了几部，但都不适合我。在我看来，它们更接近主题公园，而不是我一生都熟悉和喜爱的电影。
> 
> 一些人似乎抓住了我回答的最后一部分，认为这是一种侮辱，或者是我仇视漫威的证据，对这一点，我无能为力。

> 你能在大银幕上看出来，许多系列电影都是由相当有才华的人制作的。我对这些电影不感兴趣，我知道如果我更年轻些，或者说我晚点长大，我可能会对这些电影感到兴趣，甚至想自己拍一部。
>
> 但我已经长大后，对电影有了自己的感知——电影——它离漫威宇宙就像地球离半人马座一样遥远。

我们再来听下示范音频 2-1-2。

> 没有在长夜痛哭过的人，不足以谈人生。痛，就是人生的一堂必修课，出生是痛，死亡是痛，而在这两端的中间，我们还将经历各种各样的身痛、心痛。就如同每一个人都是哭着来到这个世界，而当我们要谢幕的时候也将会在别人的泪水里告别一样，我们在痛中治愈，我们也在痛中成长。
>
> 即便我们在最恶劣的境遇我们仍然有着不可被剥夺的精神的自由，可以选择以尊严的方式面对痛苦。
>
> 文王拘而演《周易》，仲尼厄而作《春秋》，屈原放逐乃赋《离骚》，左丘失明厥有《国语》。

> 穿越痛苦的方法是经历他、吸收他、探索他，理解他到底意味着什么，倒也不必始终将痛拒之门外，唯一要做的是不要忘记给自己点燃一盏名叫"希望"的灯火。
>
> 就像普希金在诗中写道的，灾难的姐妹，希望永远会唤醒勇气和欢乐。
>
> 只有经受住考验的人，才能够享受到由痛苦转化而成的财富。

这段声音来自演讲的现场。演讲者说话的节奏不仅不急不慢，而且根据内容的变化和情感表达的需要，有意识地增加了节奏的快慢变化。她用说话的节奏变化来呈现不一样的情绪，给听众营造了一种特有的氛围。

最后这段示范音频 2-1-3 来自李峙的音乐电台。很明显，他说话的节奏是比较慢的。这样的节奏传递出来的是一种舒缓、平静的听觉感受。

示范音频 2-1-3

> 现在播这首歌曲特别适合（播），这首歌说 Another year has gone by. 来自于 1998 年的 Celine Dion（席琳·迪翁），哪怕是昨天播的还说那一年没有完全过去，而现在已经是 2021 年 1 月 1 号，

> 我们可以说 2020 年已经过去了。
>
> 两天不见,已经是新的一年,过去两天在做什么,2020 的倒数第二天在语音厅为您做一场视频直播,是关于咱们中国人民广播事业 80 年的一场特别直播,而 2020 年的最后一天,昨天晚上,在央视频陪各位一起跨年,前面两天都是在用视频的方式在和各位相见,而今天回到我们熟悉的声音当中,还跟你说那一年过去了,改变 2020。
>
> 在声音当中你可能会听出声音有些许的不同,什么情况呢?因为嗓子有些疲惫,前面这些天特别累,你想每天都要直播到下半夜,而且做视频直播,做电视节目还有更多前期的准备,所以今天回到自己熟悉的声音当中,终于可以放松下来。今天是 2021 年咱们节目的第一期直播,也是《李峙的不老歌》在文艺之声的最后一期直播。

听完这三段音频,大家是不是对节奏有了一些感性的认识呢?节奏的快慢原来能带给我们这样不同的感受。与此同时,我们发现节奏不是独立存在,而是与说话的内容、情感有着密切关系。

以上述三段音频为例,读书频道的声音是不是比较类似我们在职场中的说话节奏?也就是语速稍快、均匀,声音清楚沉稳；演讲的声音节奏除了演讲语境本身，还比较像我们在做工作汇报、介绍产品，或者在社交活动中的发言；而音乐电台的说话节奏就比较像休闲生活中与家人朋友的对话。

## 四、节奏快慢失衡产生的影响

众所周知，新闻联播播音员的语速受到严格的限制，为每分钟 300 字左右。人们日常交流的语速则因人而异，差别很大：说话快的人恨不得一口气把自己的想法都说出来，语速像机关枪一样快；说话慢的人则结结巴巴，前言不搭后语，简直要把人急死。这两种语速都会让听者感觉很累，不利于沟通。

我们都希望能够在不同的语境下呈现出最合适的说话节奏，但这说起来容易做起难。有时候，特定的沟通环境会让你的语速不由自主地变得太快或者太慢。这两种情况都是说话节奏失衡的表现。下面我们来分别讲述一下这两者的差异。

### 1. 语速太快

语速太快的最大弊端是容易让人记不住，因为当你语速太快时，听众的思考速度很可能跟不上，很容易会漏掉一些信息，从而对你想表达的意思造成误解。此外，语速太快还会给人带来一种匆忙、慌乱的感觉。持续的快语速会让听你说话的人感到吃力。这种吃力所形成的压迫感，会破坏交流的氛围，导致对方不太愿意继续跟你对话。

经验表明，在人越多的对话环境下，说话的语速应该越慢。不知大家在生活中是否留意过这种现象：在一些会议现场或者领导发言的场合，发言人说话的节奏都比较慢？这是因为语速较慢才能让更多的人听清楚，同时也有利于展现一种沉着淡定的风度。

当然，这里我们说的节奏较慢呈现出的淡定气场，是只有吐字清楚有力，才能体现出来的。如果吐字不清晰，且发言缺乏重点，说话节奏越慢就越招人讨厌。听众什么都听不进去，只是不耐烦地等着你宣布发言完毕。

## 2. 语速太慢

虽然语速太快效果不好，但语速也不能太慢。语速太慢会给人留下拖沓、迟疑、没精打采的印象。如果只是跟家人、朋友对话，就没有太大的影响。如果你是在职场一样的正式场合发言，语速太慢会显得你不够专业和干练，让对方难以对你产生信任。

有的人在工作会议或者社交活动中很难得到话语权。这里面有很多原因。除了说话的逻辑、音量等因素，一个最常见的原因就是语速太慢。你一句话还没说完，其他人可能就已经亮出了自己的观点。他们当然会觉得跟你沟通起来太费时费力，干脆就不跟你说话了。

## 五、如何把握话语节奏

**1. 快慢之间的变化协调**

语速的快慢不能一概而论。就像一段乐曲，有的段落节奏快，有的段落节奏慢，旋律有变化才能产生丰富多彩的听觉效果。那么我们在不同的场景中说话时，语速会产生哪些变化？我们又应该如何把握自己说话的节奏，调整语速的快慢呢？

首先我们要明白一点，确认说话的语言环境很重要。简单说，就是你想通过说话的节奏营造一种什么样的气氛。以我自己的经历来举例，在不同的语境下，我的说话节奏是不一样的。

在主持社会类新闻电视节目的时候，我采用的是快而有力的方式，因为这种场合需要体现一种严肃、专业的感觉。在主持晚会等现场活动的时候，我采用的是中速而富有情感的方式，因为这种场合需要体现亲和力。而在参加会议或者进行重要的商务洽谈时，我会根据说的内容去调整我的语速、音量与情感，从而给对方一种专业人士的印象或者是人性化的印象。

所以说，一个人说话的节奏应该是有快有慢的。因为在大多数情况下，单一的快节奏或者慢节奏都会让你显得呆板生硬。只有节奏快慢呈现出丰富的变化，才能更好地传情达意。

现在，我们已经了解了说话节奏与语言环境，接下来要解决的就是你可能存在的语速太快或者太慢的问题。有些读者不懂得如何去调整自己的语速，但我们对这两种情况都有相应的训练方法。

## 2. 语速过快的调整方法

想要改掉说话语速太快的习惯，可以使用一个我们在前面提到的方法——吐字归音练习。说话太快的人容易吃字，吐字基本上是不完整的，要么缺了字头，要么缺了字尾，或者把三个字说成两个字。所以，当你把每个字音都发完整的时候，语速自然就会慢下来。

做吐字归音练习，要求每个字发完整、发饱满，注意字头、字腹、字尾。你可以把示范音频 2-1-4 素材拷贝在手机里，方便自己随时练习。

> 吐字归因练习，说话节奏太快的，请读下面一段话，并注意完整的吐字归因。
>
> 生活不止眼前的苟且，还有诗和远方。远方有多远，不得而知，但是诗其实就在眼前，它可能是我们登高望远的时候脱口而出的"会当凌绝顶，一览众山小"；它也是我们月圆之夜，共同吟诵的"海上生明月，天涯共此时"；当然，它也可能是我们回首往事，不禁感慨的那一句"此情可待成追忆，只是当时已惘然"。

示范音频 2-1-4

## 3. 语速过慢的调节方法

改掉说话语速太慢的习惯,最有效也最有趣的练习方法是快板练习法。快板是一种传统的说唱艺术,属于曲艺表演的一种形式。快板的节奏轻快,韵律十足,非常适合节奏慢的人来训练说话的语速。

我们先来听一段练习示范音频 2-1-5。

> 一道黑,两道黑,三四五六七道黑,八九道黑十道黑。我买了个烟袋乌木杆儿,我是掐着它的两头那么一道黑。二兄弟描眉来演戏,照着他的镜子两道黑。粉皮儿墙,写川字,横瞧竖瞧三道黑。象牙桌子乌木腿儿,把它放在那炕上四道黑。买了一只母鸡不下蛋,圈在那个笼里捂到(五道)黑。挺好的骡子不吃草,牵到在那街上到(六道)黑。买了头小驴儿不套磨,背上它的鞍鞴骑(七)到(道)黑。姐俩南洼去割麦,丢了她的镰刀拔到(八道)黑。月科儿的小孩儿子得了病,团几个艾球灸到(九道)黑。卖瓜籽儿的打瞌睡,哗啦啦啦地撒那么一大堆,他的扫帚簸箕不凑手,那一个一个拾到(十道)黑。

示范音频 2-1-5

快板练习法就是让你模仿跟读这段快板,熟悉快板的节奏。

需要注意的是，练习的时候要遵循这五个步骤：听—跟读—录音—回听—修正。除了在我们课程中的训练素材，你还可以上网挑选自己喜欢的经典快板片段来进行练习。

## 六、本节小结

一个人说话的节奏应该是有快有慢的，不应该只有单一的快节奏或者慢节奏。节奏快慢富于变化才能更好地传情达意。说话时的语速要切合当下的语言环境。

我们还讲解了三种不同语言环境下的说话节奏，并指出语速太快和语速太慢两种常见的节奏问题。想要解决语速太快的毛病，可以多做吐字归音练习；如果是节奏太慢的问题，可以使用快板练习法。

## 七、课后练习

你可以根据自己的需求情况来选择以下几种练习。

1. 听不同类型的讲话，感受在不同场合的说话节奏处理方式。

2. 找一段音频做吐字归音练习（针对语速太快的问题）。

3. 找一段经典快板选段来做跟读练习（针对语速太慢的问题）。

我要特别强调一下，做练习一定要有针对性！如果你的问题是说话节奏过快，就不要做加快语速的练习，那样等于是抱薪救火、火上浇油，只会让你本来的问题越来越严重。反之亦然。

## 第二节 抓好停顿与连接，突出说话重点

> **内容提要** 🔊
> 1. 了解停顿与连接对提高说话水平的意义；
> 2. 恰到好处地使用停顿与连接，有效提升对方的听觉体验。

### 一、本节导入

在上节课，我们学习了声音的节奏训练，明白了说话的节奏要与对话环境相结合的道理。我还为大家介绍了改变说话节奏太慢或者太快的练习方法。这些方法能让我们的表达保持在更合适的节奏上，让人感受到声音的韵律。

想要让自己的声音富有韵律和美感，不仅要把握说话的节奏，还应该注意话语之间的停顿和连接。在这一节，我们就来着重学习声音中的停顿与连接，从而知道说话时在哪些地方需要停顿，以及可以用什么方法来练习停顿。

## 二、为什么要有停顿

日常表达离不开停顿,就像一首优美的乐曲离不开休止符一样。

停顿的第一个作用是方便我们换气。要是我们说话毫无停顿,一场愉快的交流分分钟就会变成憋长气大赛。停顿的第二个作用就像文章中的标点。没有标点的文章密密麻麻的,不好断句,让人看得头昏脑涨。詹姆斯·乔伊斯的皇皇巨著《尤利西斯》中整整一章没有任何标点,让不少读者望而却步,而没有停顿的说话也会让听众一头雾水。

我记得有一次参加一个讲座,发言的是一位讲近代文学史的老师。他是个博学多才的人,演讲稿的内容十分丰富。但我听讲座的体验不是很好。我发现他在讲话方面存在一个问题,那就是他的内容听起来让人感觉应接不暇,脑子转不过来。

我回忆了一下,他的语速并不快,那为什么他会让人应接不暇呢?主要原因在于他讲话时缺乏停顿。特别是当他讲到一些陌生的专业词语时,既没有停顿,也没有特意去解释这些词语。虽然他自己对这些词语耳熟能详,但是在场的听众未必都听说过,所以就会形成一定的理解障碍。再加上他的话语之间没有停顿,所以听众根本没有时间去消化听到的内容。听讲座的时候感觉信息量很大,过后又记不起多少内容。这样的演讲效果并不理想。

除了讲座，人们在平时与人沟通的时候，也倾向于听简短的句子，喜欢有停顿。因为短句易懂、好消化。此外，说话有停顿更方便对方与你对话。如果说话像连珠炮一样没有停顿，长篇大论滔滔不绝，那对方就只有听你说话的份，这样就缺乏了相互交流。

所以说，我们要达到说话好听易懂这个目的，就不能只管自己怎么讲，还要考虑听者怎么听。适当的停顿是必须的调味料。当然，仅有停顿是远远不够的，还要把握好话语之间的连接。

## 三、停顿和连接的重要性

我们在阅读时，更喜欢看那些排版有序、段落分明、句句清晰的文章。相反，如果一篇文章的内容密密麻麻，没有段落和标点符号，我们会觉得太吃力而不愿意读下去。说话时的停顿和连接，与我们写文章时用到的标点符号有相同的作用。

此外，肺活量再大的人也不可能一口气连续说话不换气，而一换气就免不了要出现停顿。如果停顿的位置不合理，就会产生喜剧中那种"说话大喘气"的效果，从而阻碍双方正常的交流。

因此，正确把握话语之间的停顿与连接，能让我们的表达更加清楚。一些说话清晰、让听众舒服的讲话者，在说话时会充分利用停顿。一方面，能让自己顺势调整呼吸，换气之后让自己的气息更加饱满；另一方面，也让自己想表达的信息更容易被理解，并且能够给听众留下深刻的印象。如果停顿和连接处理不当，就会让听众感觉你说话断断续续，意思很不连贯，甚至误会你原本想表达的内容。

## 四、哪些地方需要停顿

那我们在演讲或与他人交流的过程中，应该怎样运用停顿呢？通常而言，以下三个方面需要注意停顿。

**1. 陌生的词语**

当你讲出一个平时大家听得少的陌生词语时，一定要停顿一下，让听众有时间消化。因为他们此时的注意力都放在了琢磨陌生词语的意思上，不会马上跟着你的思路往下走。假如你闷着头继续讲下去，他们可能既没理解前面的陌生词语，一时又跟不上你后面的内容。

比如，我在上一章第四节课中讲到吐字归音要注意字头、字腹和字尾的发音完整。因为"字头""字腹""字尾"三个词不是常见词，所以我在说的时候就要放慢语速，解释每个词的意思。字头的发音就是读准声母，字腹的发音就是读准韵母，而字尾发音就是收尾要完整，特别是后鼻音。

我在依次给出上述解释之后，都有意识地停顿了一下，让听众有时间想一想，记一记，然后才继续往下说。我们在进行其他类型的谈话时，一定要注意在出现陌生词语的地方加上停顿。这不但不会破坏你的发言流畅度，反而更容易把话说到对方心里去。

**2. 重要观点**

当你提出重要的观点时，后面要停顿，给听众留下一个思考、认同、共鸣或者记录的时间。

比如，我在一次讲话中提到"妈妈是复印机，孩子是复印件"的观点。这个观点用了比喻的手法，形象生动地讲述了一个道理。当时的听众对这句话很有共鸣，频频点头。所以，我在说完这句话之后马上停顿了一下，让他们有充分的时间完成点头的动作或发出表示赞成的声音。

此外，我们在向他人输出观点时稍事停顿，也让自己有了一个缓冲时间去观察对方的反应。无论对方是赞同还是反对，都会有所反应。你停顿一下，察言观色，对接下来怎样调整语气、情绪和组织语言是很有帮助的。

**3. 情感达到高潮时**

董卿老师在《朗读者》节目中有一段开场词。我第一次听的时候，眼泪差点流下来。我之所以受到感染，是因为她的话语富有情感，并且在情感达到高潮的时候进行了恰到好处的停顿。

她在第一句说到"什么是初心"时进行了停顿。这个停顿让"什么是初心"这个问题显得更加意味深长。听众也因此被她带入了思考的节奏，很快产生了情感共鸣。我们可以把这样的停顿称为"情感停顿"。

声情并茂的发言都是情感充沛的，要抑扬顿挫。情感停顿的作用就是更好地突出我们想表达的情感。当我们的情感酝酿到一个高潮时，就应该适当停顿，强化情感共鸣的效果。如果我们与对话者能够产生情感共鸣，那么沟通与交流将是一件非常容易的事情。

以上三个方面，就是我们在说话时需要注意停顿的地方。这样能让我们的表达更加清楚、易懂且富有感染力。

## 五、训练停顿的技巧

可能有的朋友会问："我就是养成了说话不停顿的习惯，有没有什么方法可以改变呢？"下面我们来说说两个常用的练习方法。

## 1. 默数"一二三"法

我们每说完一句话之后,就在心里默数"一、二、三",停顿三秒,然后再说下一句话。在我以往的教学中,这个方法非常有用。特别是对那些说话像连珠炮一样的急性子,默数"一二三"法能很好地纠正他们说话不停顿的习惯。当然,因为刚开始练习时,你很可能耐不住性子,把"一、二、三"数得很快,所以我建议你对着钟表做默数练习,每一秒只数一下。

## 2. 标记法

标记法是主持人在熟悉稿件中的一个常用方法。具体做法是把我们接下来准备说的内容写在纸上,提前用笔标记好所有需要停顿的地方。这样你就不必刻意用心去记什么地方该停顿,根据标记提示来说话即可。

我们需要做标记的地方,就是前面说的出现陌生词语、重要观点以及情感达到高潮的地方。在此基础上,标记法还可以做得更细致一点,比如,哪里该重读,哪里该放慢或加快语速,哪里该提高音量,哪里该配合什么肢体语言,都可以做好标记。

标记法最大的优点就是使用的时候非常方便。经常使用"标记法"你就会自然而然养成停顿的习惯。最初我也是通过标记法来学习在话语间停顿的。这个方法还特别适合用来做公众演讲或主持节目时的准备。

## 六、本节小结

在这一节，我们学习了在说话中三个需要停顿的地方，它们分别是出现陌生词语、重要观点与情感到达高潮之处。在这三种情况下加上停顿，能够让我们表达的意思更加清晰，容易让听众理解我们的意图，并产生情感共鸣。

此外，我们还学习了两个练习停顿的方法，一是默数"一二三"法，二是标记法。这两个方法都有助于我们改变说话不停顿的习惯。

## 七、课后练习

找一篇文章来朗读，分别练习默数"一二三"法和标记法。练习前一种方法时，要在读每句话后，心里默数"一、二、三"，再读下一句；练习后一种方法时，把本节课提到的三个需要停顿的地方标记出来，然后再进行朗读。不管你练习哪一种方法，都要通过朗读好好体会适当停顿对表达效果产生了什么影响。

## 第三节　恰到好处的重音，为朗读注入生命

> **内容提要** 🔊
> 
> 1. 什么是重音，重音有什么作用；
> 2. 重音的主要类型有哪些；
> 3. 如何呈现重音，让听众一听就懂。

## 一、本节导入

在第一章第一节"你了解自己的声音特质吗"中，我提到多种不同的声音问题，其中有一种就是声音听着单调乏味，过于平淡无奇。具体表现是，同样一句话，从你嘴里说出来，对方不清楚你想表达的重点是什么；从别人嘴里说出来，对方就能够马上明白。

这并不是你的措辞不好，而是你没有给自己表达的重点加上重音。于是对方理解的重点跟你想说的重点就产生了出入。在这一节，我将跟大家讲一讲什么是重音，重音在日常表达中有哪些作用，重音有哪些类型，以及如何找到重音和用好重音。

## 二、重音的概念与作用

重音一般指说话时加重某些词语读音的现象,也就是我们在说话时重读关键的词语。重音有增强表达效果的作用,被重读的词语给人留下的印象最为深刻。比如,我们在惊讶、高兴、或者愤怒的时候,会自然而然地放大某些话语的音量,这也是重音的一种表现。

有人形象地把重音比喻为朗读的生命。因为在一般情况下,特别是你要强调某个词语的时候,重音就是特别好的表现方式。所以我们首先要清楚自己想要表达的重点是什么,才能够用重音让对方记住。

一个人说话没有重点,可能有以下两个原因。

第一,他说话前没有想好到底要表达什么内容,结果说了一大堆话,还是讲不清楚他的中心思想。

第二,他有不良的说话习惯,声音从头到尾平淡无奇,都是一个音调。

如果遇到这两种情况,就算你有想重点表达的地方,对方也接收不到你的重要信息。所以我们在说话时一定要想一想,我们这次讲话主要想表达的究竟是什么。只有这样,我们在表达的时候才能准确判断重音应该放在哪里。

重音是一种语言表达的手段。即使是一段朴实无华的内容,

第二章 塑声进阶课：让你"声"入人心的小技巧

我们也能够用重音把它展现得精彩纷呈。接下来我们要讨论的是如何使用重音，利用重音来为我们的说话内容加分。

我们再来听一遍《见字如面》。这是表演艺术家何冰读的马丁·斯科塞斯致《纽约时报》一封信中的一段。信的主要内容是谈论作者对当代电影的看法。我们一起来听听何冰是如何处理重音的。

> 10月初在英国的时候，我接受了《帝国》杂志的采访。有人问了我一个关于漫威电影的问题，我回答说，我试着看了几部，但都不适合我。在我看来，它们更接近主题公园，而不是我一生都熟悉和喜爱的电影。
>
>
>
> 一些人似乎抓住了我回答的最后一部分，认为这是一种<u>侮辱</u>，或者是我<u>仇视</u>漫威的证据。对这一点，我无能为力。
>
> 你能在大银幕上看出来，许多系列电影都是由相当有才华的人制作的。我对这<u>些</u>电影<u>不感兴趣</u>。我知道如果我更年轻些，或者说我晚点儿长大，我可能会对这些电影感到兴奋，甚至想自己拍一部。但我已经长大，对电影有了自己的感知——电影，它离漫威宇宙就像地球离半人马座一样遥远。
>
> ……

在整段表达中，他的语言呈现给人一种很强的代入感，精准表达了作者写这封信的深层含义。何冰在读到"侮辱""仇视"的字眼时，特别进行了重音强调。特别是在说到"不感兴趣"这四个字时，用了停顿的表现形式来处理重音。这样大大增强了书信的感染力。

## 三、重音的主要类型

在朗读和播音等方面，重音有一些特殊的规定，比如并列重音、对比重音、呼应重音等。在这里，我们主要学习两种在日常说话中常用的重音，它们分别是强调重音与逻辑重音。

### 1. 强调重音

我们在前面说到，当你要表达自己说话的重点时，就把重音放在相关的语句上。只有这样才能让对方更容易记住你想要表达的重点。

我们想说的话是由多个词句组成的。这些词句并不是处于并列位置，其中肯定有些内容比其他内容更重要、更关键，承载着我们内在的思想感情。

所以，我们在表达之前必须先考虑一下，哪句话最能概括你的核心观点，哪句话最能表明你的态度，哪句话最能传递你的主要情绪。这些都是需要强调的内容，可能是一个词汇，也可能是一句话,把重音放在上面,就是强调重音。

**2. 逻辑重音**

与强调重音不同,逻辑重音决定了你的整句话是什么意思。逻辑重音没有固定的规律,它是受语境、感情等因素支配的。文字完全相同的一句话,若是把逻辑重音安排在不同的位置,就会让这句话所表达的含义发生一定的变化。我们来听下面几句话:

> "我知道你会滑雪"——这句话表达的意思是"别人不知道"。
>
> "我知道你会滑雪"——这句话表达的意思是"你不要瞒着我了"。
>
> "我知道你会滑雪"——这句话表达的意思是"不知道别人的情况"。
>
> "我知道你会滑雪"——这句话表达的意思是"你怎么能说不会呢"。
>
> "我知道你会滑雪"——这句话表达的意思是"你会不会别的我不知道"。

示范音频 2-3-2

你看,不同的重音表达出的意思是完全不一样的。这就是逻辑重音的功效。同样的一句话，在这个场景说是一个意思，换个不同的场景说就成了另一个意思。此外，不同的人有不同的表达意图，就会安排不一样的重音位置，让同样的话语变成自己想要表达的意思。

我们在朗读或演讲时，都要根据全篇的内容来确定重音的位置。唯有这样才能准确地表达我们的意图与思想感情。

无论是强调重音还是逻辑重音，都不是越多越好。处处是重点就意味着没有重点，处处设置重音等于是没有重音。好声音应该是轻重交替的，用少而精的重音来突出需要强调的重要内容，其他部分用轻音就好。否则就起不到增强效果的作用了。

## 四、如何恰当地呈现重音

看到这里，你可能会觉得重音很简单，就是用更大的音量去重读。这个认识是片面的，把路子走窄了。其实，重音并非只有提高嗓门这一种表现方式，重音的呈现手法完全可以是多种多样的。接下来，我将为大家讲解几种不同的重音呈现方式。

**1. 提高音量**

把音量提高是最常见的一种重音表现方式。比如，当你表达愤怒的时候，嗓门会比平时更大。有的人甚至会把音调提高八度。重读的音量跟内容的重要性成正比关系。最重要的词语要用最高亢的声音讲出来，甚至在有需要的具体情境下吼出来。

## 2. 重音轻读

读重音时也不一定非要提高嗓门，也可以反其道而行之。有时候，用轻音量读出相关内容（即重音轻读），也能起到强调重音的作用。不信的话，请听下面这段声音。

> 这天夜里，我做了个奇怪的梦，梦见自己变成一只小蜜蜂。

示范音频 2-3-3

你听，这里重音的处理没有提高音量，反而用了轻音量，却又非常符合说话的语境，同样可以给人留下深刻的印象。当你遇到类似的场景时，可以借鉴重音轻读的处理方式。

## 3. 停顿

我们在说一个重点前，先给予一个停顿，再说接下来的重点。这种做法也能呈现重音，能引起人们对下面内容的重视，从而留心倾听。不过需要注意的是，我们在用停顿来呈现重音效果时，自己内心的情绪一定要是连贯的。倘若情绪断裂了，重音的效果就形同虚设。

**4. 综合呈现**

在更多的情况下，重音呈现的方式是声音表现的整体呈现，比如将重音与停顿、连接、抒发情感结合在一起，进而呈现出令人印象深刻的观点。只要我们能在整个语言中以合适的声音表现力把想说的观点呈现出来，让它被听众关注到，就是做好了重音的呈现。

## 五、本节小结

在这一节，我们先学习了什么是重音，重音有什么作用，然后讲解了在说话时常见的两种重音类型，一个是强调重音，另一个是逻辑重音；此外，我们还学习了几种重音呈现的方法，一是提高音量，二是重音轻读，三是停顿，四是综合呈现。你都学会了吗？

## 六、课后练习

根据课后练习的材料，按照不同的重点发音进行朗读，并将你每次练习的声音录下来做对比，直到你可以完全表达出每个句子想要表达的侧重点为止。

# 第四节　声情并茂，让听众迅速产生认同

> **内容提要** 🔊
> 
> *1.* 情感表达对优化声音的重要性；
> *2.* 如何让你的声音富有情感，迅速获得听众的认同。

## 一、本节小结

在上一节，我们讲了如何运用重音来提升声音表现力。虽然重音能帮你突出要表达的重点，但还不足以让你的声音完美地抒发情感，只有那些情感丰富的声音才能真正能打动人心。

现代著名作家林语堂先生说："人是不能不说话的，但是有的人说起话来，娓娓动听，使人听了全身的筋骨都感觉到舒服；有的人说起话来，锋芒锐利，像是一柄利刃，令人感到十分恐惧；有的人说起话来，一开口就使人感觉到讨厌。所以人的面貌各个不同，而人的说话，获得的效果，也正像面貌各个不同一样。"

林语堂描述的正是不同情感色彩的声音带给人们的主观感受。每个人都有感性的一面，不可能只有冷冰冰的理性思考。

人心都是肉长的，有七情六欲。只有重视声音中的情感表达，才能与他人的内心产生连接，达成共鸣。这样说话才能"声"入人心。

在这一节，我们就来学习声音中的情感表达，让你的声音更加娓娓动听。

## 二、情感表达对优化声音的重要性

如果说前面的声音训练课程是优化声音的"硬件"，那么在这一节我们学习的就是"软件"的部分。"硬件"的优化能使你发出更优质的音色，而"软件"的升级能让你的声音表达富有情感，更有温度，更契合当下的语言环境，从而与你的听众产生情感连接。

为什么我们要用"温度"来形容声音呢？那是因为我们能从说话者的声音中感受人类的喜怒哀乐。从某种意义上说，有温度的声音才是有灵魂的声音。

我们不妨回忆一下自己在生活当中听到的话语，有哪些人说话特别有感染力。能够触及你内心的是不是那些情感饱满且有温度的声音呢？

说到声音有温度，就不得不再提到主持人董卿。在她制片的节目《朗读者》中，她说话时不仅追求吐字清晰，重视文字的美感，还非常讲究把声音与内心感受完美结合。这样做的好处是能传达出比文字更深层次的含义，同时也诠释出了节目的意义所在。

董卿的节目之所以大获成功，就是因为她拥有出色的共情能力，知道如何快速与听众产生情感连接。她的朗读声音总是比一般的朗读者更加深入人心。而归根结底，那都是情感表达带来强大共鸣。接下来是本节课的核心内容，如何让你的声音变得富含情感、令人动容。

## 三、如何做到声音富含情感

经常有学员问我这样的问题："我性格比较内向，这是不是会对我的情感表达有负面影响？"这个问题很有代表性，提出了不少性格内向朋友的顾虑。

关于内向性格，在这里我想多说几句。在如今这个被外向性格者主导的世界里，内向性格似乎成了一种性格劣势。但我们要明白，内向性格并不是缺陷，而是一种人格特质，甚至内向性格者的真实表现往往优于外向性格者。畅销书《内向性格的竞争力》的作者苏珊·凯恩曾在 TED[①] 演讲中提到，世界上

---

[①] TED（指 technology，entertainment，design 在英语中的缩写，即技术、娱乐、设计）是美国的一家私有非营利机构，该机构以它组织的 TED 大会著称，这个会议的宗旨是"值得传播的创意"。TED 诞生于 1984 年，其发起人是理查德·索·乌曼。2001 年起，克里斯·安德森接管 TED，创立了种子基金会（The Sapling Foundation），并运营 TED 大会。

超过 70% 的成功人士其实都是性格内向者，如爱因斯坦、比尔·盖茨、沃伦·巴菲特、村上春树等。总之，性格内向的读者应该更自信一些，完全没必要让其成为声音学习的困扰。

一个人是否善于表达情感、声音是否有感染力，跟他是什么类型的性格没有关系。任何性格的人都可以拥有饱含情感的好声音。事实上，无论性格内向或外向，每个人的内心其实都有着丰富的情感，区别只在于能否恰如其分地用自己的声音传递出来。

不同性格的人在表达方式上必然存在差异，但如何把内心的情感呈现在我们的声音中，让听者感受到，却是万变不离其宗的。

接下来我要讲解两种让声音更有情感的实用方法。

### 方法 1：声随情出

什么是声随情出呢？简单来说就是，我们在说话前要先调动自己的情绪，积蓄相应的情感。想要优化声音，首先得打动自己，认可自己的观点，然后才能在说话时投入情感，打动对方。道家宗师庄子说的"不精不诚，不能动人"就是这个意思。

相信大家都或多或少有过一些公开演讲的经历，就算没亲身经历过，也观看过一些精彩的演讲。我们不难发现一个现象：

有的演讲让人热血沸腾，听众全程都跟着发言人的节奏走；而有的演讲虽然内容不错，但总觉得欠缺一些感染力。

比如，我在一次演讲大会中，就看到这样两种不同的演讲风格。

一个人的演讲内容非常有条理，论点也很丰富，整体结构也很完整，但是听众很难捕捉到他的重点，越听越不耐烦。而另一个人一上台就展现出饱满的情绪，因为情感丰富而让人觉得每句话都发自肺腑，整个演讲过程都给人一种积极向上的感觉，引得听众不停地鼓掌。

听众对讲座的兴趣取决于演讲的内容是否丰富，话题是否有吸引力。即使这两点都能打高分，演讲依然有可能不受欢迎。比如前一位演讲者，最大的错误在于把演讲重点放在如何设计演讲稿的结构与话术上，而忽略了更为重要的情感表达。

后一位演讲者能把话说到听众心里去，就是声音感染力强的体现。他很好地通过演讲内容将自己的情感展示了出来，形成了一种辨识度很高的个人语言风格。其口才与声音的魅力已经超越了演讲本身应有的那些条条框框。所以，他最终获得了整场演讲的最高分。其成功的奥妙就在于他的情感展现与听众的内心产生了共鸣。

我们来听一段来自何冰为哔哩哔哩录制的《后浪》。

那些口口声声"一代不如一代"的人,应该看着你们,像我一样,我看着你们,满怀羡慕。

示范音频2-4-1

人类积攒了几千年的财富,所有的知识、见识、智慧和艺术,像是专门为你们准备的礼物。科技繁荣、文化繁茂、城市繁华,现代文明的成果被层层打开,可以尽情地享用。自由学习一门语言,学习一门手艺,欣赏一部电影,去遥远的地方旅行。很多人,从小你们就在自由探索自己的兴趣;很多人在童年、就进入了不惑之年——不惑于自己喜欢什么,不喜欢什么。人与人之间的壁垒被打破,你们只凭相同的爱好就能结交千万个值得干杯的朋友。你们拥有了我们曾经梦寐以求的权利——选择的权利。你所热爱的就是你的生活。

你们有幸遇见这样的时代,但是时代更有幸,遇见这样的你们。我看着你们,满怀敬意。向你们的专业态度致敬:你们正在把传统的变成现代的,把经典的变成流行的,把学术的变成大众的,把民族的变成世界的,你们把自己的热爱变成了一个和成千上万的人分享快乐的事业;向你们的自信致敬:弱小的人才习惯嘲讽和否定,内心强大的人从不吝啬赞美和鼓励;向你们的大气致敬:小人同而不和,君子美美

> 与共，和而不同；更年轻的身体，容得下更多元的文化、审美和价值观。
>
> 有一天我终于发现，不只是我们在教你们如何生活，你们也在启发我们，怎样去更好地生活。那些抱怨"一代不如一代"的人，应该看看你们，就像我一样。我看着你们满怀感激。
>
> 因为你们，这个世界会更喜欢中国，因为一个国家最好看的风景，就是这个国家的年轻人。因为你们，这世上的小说、音乐、电影中表现的青春，就不再是忧伤迷茫，而是善良、勇敢、无私、无所畏惧，是心里有火、眼里有光。
>
> 不用活成我们想象中的样子。我们这一代的想象力，不足以想象你们的未来。如果你们依然需要我们的祝福，那么，奔涌吧，后浪，我们在同一条奔涌的河流。

总之，声随情出是一种优化声音的有效办法。有感染力的表达一定是真实的情感表达，是来源于内心真情实感的积蓄，这一点十分重要。对于那些性格比较内敛的人而言，不要怕自己说不好，而应该勇于把内心的情绪展示出来。只有带有真实情感的话语才能真的打动人，这就是情感表达的秘诀。

## 方法 2：气随情动

有时候，你觉得自己内心充满情感，却无法用声音完全表达出来。解决办法并不复杂，就是气随情动，即气息随着感情变化。我在前面的章节中多次提到了气息的作用。气息是连接声音与情感的桥梁。在第一章第三节讲气息的时候，我就提到情、声、气要结合起来，因为它们是相辅相成、共同存在的。

通过学习胸腹式联合呼吸法，你对气息的运用有了初步的认识，知道良好的气息是好声音的基础。但气息的意义远不止这些。呼吸不仅是生理活动，还是心理活动。它不仅能使我们的声带振动从而发出声响，更是声音情感的体现。

当人们情绪发生变化的时候，呼吸和气息便会发生相应的变化。当我们激动或紧张的时候，气息是往上提的，声音就会随着这种情感往上走。在这种呼吸的作用下，我们可能会发出喜悦的欢呼声。当我们生气的时候，呼吸频率会变快，气息就像开了闸门的洪水一样奔涌而出，声音会显得很高亢。

我们一起来听一段来自话剧现场的声音。

> 黄昏是我一天中视力最差的时候，一眼望去满街都是美女，高楼和街道也变幻了通常的形状，像在电影里……你就站在楼梯的拐角，带着某种

示范音频 2-4-2

清香的味道，有点湿乎乎的，奇怪的气息。擦身而过的时候，才知道你在哭。事情就在那时候发生了。

我怎么能才让你明白呢？你如同我温暖的手套，冰冷的啤酒，带着阳光气息的衬衫，日复一日的梦想。明明，明明，明明我怎么才能让你明白，我怎么才能让你明白，你是甜蜜的、忧伤的，你的嘴唇涂抹着新鲜的欲望，你的新鲜和你的欲望把你变得像动物一样不可琢磨，像阳光一样无法逃避，像戏子一样毫无廉耻，像饥饿一样冷酷无情。

我想给你一个家，做你孩子的父亲，我想给你所有你想要的东西。我想抚摸你的后背，让你在天堂里的翅膀重新长出，你感觉不到我的渴望是怎样地向你涌来，爬上你的脚背，淹没你的双腿，要把你彻底吞没吗？我在张着大嘴厚颜无耻地渴望你，渴望你的头发，你的眼睛，你的下巴，你的双乳，你美妙的腰和肚子，你毛孔散发的气息，你伤心时绞动的双手。你有一张天使的脸和婊子的心肠。我爱你，我真心地爱你，我疯狂地爱你，我向你献媚，我向你许诺，海誓山盟我能怎么办就怎么办。

如果在中世纪，我可以去做一个骑士，把你的名字写上每一座被征服的城池；如果在荒漠中，我愿意流尽最后一滴

> 鲜血滋润你干裂的嘴唇;如果我是天文学家,有一颗星星会叫作"明明";如果我是法官,你的好恶就是我最高的法则;如果我是诗人,所有的声音都只为你歌唱;如果我是神父,再没有比你更好的天堂;如果我是一个哨兵,你的每一个字都会成为我的口令;如果我是西楚霸王,我会带你临阵脱逃任由人们耻笑;如果我是杀人如麻的强盗,他们会乞求你来让我俯首帖耳!

这段声音体现出了情、声、气的结合,用气息来帮助情感表达。只要你认可声音训练能够为你带来更多的帮助和机会,内心不排斥展现和表达自己的声音情感,你就能有更好的声音展现,并达到声情并茂的境界。

## 四、本节小结

在这一节中,我们了解了情感表达对优化声音的重要性,学习了两种让声音更加富有情感的方法。一种是声随情出,另一种是气随情动。让声音具备丰富情感的要点就是有积蓄情绪,并勇于展现出你的真情实感。这样你的声音就会越来越富有情感,与听众产生共鸣、建立连接,真正做到"声"入人心。

## 五、课后练习

朗读一篇自己的文章，或添加小助手领取一段演讲词，把我们在这一节学到的两种方法运用到朗读中。把练习的声音录下来，跟以前录的声音进行对比，听听自己的声音有什么变化，是否变得比之前更加情感丰富。

# 第五节　找准共鸣，让你的声音更加通透立体

> **内容提要**
>
> *1.* 共鸣的种类和作用；
> *2.* 如何运用好共鸣。

## 一、本节导入

在上一节中，我们学习了如何让自己的声音更有情感。好听的声音不仅要感情丰富，还要通透立体。你看电影的时候会明显感觉到，有没有立体环绕音响的听觉体验差异很大。专业人士的声音好听，一个重要原因就是声音更加通透立体。

想要达到这种境界，就要学会使用共鸣。那到底，我们应

该如何体会共鸣,并用好它呢?接下来,我就为大家揭开这个秘密。

## 二、关于共鸣的常识

当我们听到"共鸣"二字的时候,大部分人想到的是,两个人有着相同的想法或感受,代表他们之间很有共鸣。不过,我们这里讲的共鸣不是这个意思,是回归到这个词语的本意。共鸣就是由多个发声体共同发出的声音。人体的共鸣腔包括头腔、鼻腔、口腔、咽腔、胸腔五个共鸣腔。

从日常发声来说,共鸣主要有三种类型:鼻腔共鸣、口腔共鸣、胸腔共鸣。

为了便于大家记忆,我们可以从这三个共鸣所在位置的上下顺序将其划分为高、中、低三类,分别对应着鼻腔共鸣、口腔共鸣、胸腔共鸣。

换句话说,鼻腔是高音共鸣,口腔是中音共鸣,胸腔是低音共鸣(也叫"基础共鸣")。在我们发声的时候,大部分采用的是中音区,也就是口腔共鸣。与此同时,低音区的胸腔共鸣也是我们常用的。当我们需要发高音时,就需要发挥一下鼻腔共鸣的作用。

在日常发声中,我们是以口腔与胸腔共鸣的联用为主,鼻腔共鸣为辅;在主持、朗诵、演讲等用声场景中,高音区的鼻腔共鸣有更多的用武之地。很多人唱歌时高音唱不上去，就是因为不懂得怎样使用鼻腔共鸣。

这三种共鸣不是单独存在的，它们都是发声时会用到的器官，实际上是共同存在的。只不过，我们在用声的时候，会根据语境的不同来重点突出其中一种共鸣。

以音量大小的角度来看，我们可以把胸腔共鸣看作是我们身体的"大音箱"，这也是它被称为"基础的共鸣"的原因。口腔共鸣是"小音箱"，鼻腔共鸣则是一个极小的"音箱"。

好听的声音一般以胸腔共鸣为基础，以口腔共鸣为主，再加上少量的鼻腔共鸣。这样的共鸣运用方式可以让我们声音产生最优美的音色。这是个重点中的重点，请大家一定要时刻牢牢记住。

对三种共鸣的不同组合运用，会呈现出不同的声音效果。

如果突出运用口腔共鸣，说话声音会更为洪亮，比如新闻播音员、主持人的声音听起来会较为理性，这是因为他们的声音大多以口腔共鸣为主。

而突出运用胸腔共鸣，就会形成较为低沉、浑厚的声音，会让人显得比较感性和真诚，比如很多音乐电台、夜间电台主播的声音，胸腔共鸣的成分会多一些。

鼻腔共鸣一般不会单独使用，更多是与胸腔共鸣、口腔共鸣相结合，在唱歌的时候运用最为普遍。

## 三、如何利用共鸣发出好听的声音

共鸣发声的第一个要点就是要放松。当你放松时，声音才能自如地发出，并良好地运用共鸣，产生共鸣效应。

我们要像在学习呼吸、发声时那样，让气息下沉。我们需要更自如地用气息来把声波带到不同的地方。与此同时，你的喉部也需要放松。口腔积极有利于声波的反射。无论你发出的声音大还是小，都要有一个积极饱满的精神状态，这些都会帮助你更好地获得共鸣。

下面我们来详细讲解一下胸腔共鸣、口腔共鸣和鼻腔共鸣的技术要领。

**1. 胸腔共鸣**

我们首先来学习作为基础共鸣的胸腔共鸣。胸腔的空间共鸣能量大，发出的声音有深度，声音听起来浑厚、宽广，给听者带来庄严、深沉、真实、可信感的主观体验。

一般来说，较低、较柔和的声音更容易产生胸腔共鸣。很多人以为共鸣就是声音很高或很大，其实不是的。就像胸腔共鸣，是通过较低的声音，利用共鸣传递声音庄重、自信的感觉。

不知道大家有没有发现，很多人在生活中喜欢用非常强势的高声或者喊叫方式，想要传达一种自信或庄重的感觉。但是，

## 第二章 塑声进阶课:让你"声"入人心的小技巧

当他们通过绷紧全身,捏住喉咙,发出那种尖锐声音,实际上并不能传达出自信、庄重的效果。

相反,有些人说话的声音不大,却能让人充分感受到他的不怒而威。这正是利用好胸腔共鸣的发声方法,从而给人传递出一种庄重和有威望的感觉。

由此可知,即使有很好的气息条件和声音底子,如果挑选了错误的声音方式,在调音台上调错了音,用错了声音的共鸣,也就无法产生情感的共鸣。先来听一段充分运用胸腔共鸣的声音。

> **男:** 我这个人有很多缺点。我喜欢一个人的时候,不知道该怎么说。当我感激别人的时候,也不知道要怎么开口。但是我真的很谢谢你。你让我改变了好多,好多。
>
>
>
> **女:** 你是因为感激我才跟我求婚?
> **男:** 不是不是,绝对不是。我是认真的。
> **女:** 阿杰,我不一定能当别人的太太,我也许不能走路。
> **男:** 我抱你。
> **女:** 我也许不能做家事。
> **男:** 我来做。
> **女:** 我也许会死。

> **男：** 不会啦。你我都不会那么快死，我们至少活到七十岁。如果你担心到了七十岁样子变得又老又丑，那我们减两年，六十八。我们要永远在一起，好不好？
> **女：** 如果我真的……
> **男：** 阿敏，如今在这个世界上，唯一让我伤心的就是你不肯嫁给我。我会伤心一辈子。我会伤心一辈子。

这段台词选自电影《新不了情》，配音来自《声临其境》节目中演员刘奕君的一段表演。在这一段配音表演中，刘奕君用胸腔共鸣发出了浑厚且有磁性的声音，使声音富有质感且接近电影原声。他说男主角的台词时感情真诚，充满决心，产生一种令人难以抗拒的吸引力，这样的声音能够通过耳朵流淌进心里。

那么问题来了，我们如何找到胸腔共鸣的位置呢？

其实胸腔共鸣跟我们前边学到的胸腹式联合呼吸法非常相似，都用到了胸腔呼吸与发声。我们可以通过以下两个步骤来感受胸腔共鸣：

第一步，先把手放在胸腔的位置，轻轻地咳嗽两声，找到胸腔的发音位置；

第二步，用较低的声音发"哈"音。

（用较低的声音）哈——

需要注意的是，你在发音时不要使劲，也不要用太大的音量，同时还得让喉咙和胸腔都保持放松的状态。大家可以多尝试一下，找一找胸腔共鸣的感觉，看看它将给你的声音带来怎样的变化。

当你找到胸腔共鸣的感觉之后，一起来练习刚才男主角的深情告白：

"我这个人有很多缺点，我喜欢一个人的时候，不知道该怎么说，当我感激别人的时候也不知道要怎么开口，但是我真的要谢谢你，你让我改变了好多好多。"

在这里，我要特别提醒大家，没有任何一种共鸣会优于另一种共鸣，也没有任何一个共鸣可以独立存在。

学习共鸣最重要的是学会根据自身的实际情况和场合，调节不同共鸣的比例。简言之，你要确定自己需要用声音来做什么，然后根据需要控制你声音的共鸣比例，从而达到效果。所以，除了学会利用胸腔共鸣，学习口腔共鸣和鼻腔共鸣也同样重要。

声音变现

## 2. 口腔共鸣

那我们再来学习中音区的口腔共鸣。如果说胸腔共鸣是低音喇叭，那么口腔共鸣就是人体发声的中音喇叭了。新闻播音员的发声主要就是通过口腔共鸣，声音洪亮、有力，显得客观、理性。

口腔是字音形成的地方，这个区域的共鸣也是我们使用最多的。增加口腔共鸣，声音会显得更有力和热情。

通常而言，只要你有了良好的口腔状态，就更容易获得口腔共鸣，产生那种听起来很饱满、积极的声音。所以，口腔共鸣中，最重要的不是别的，正是口腔的状态！

那么，怎样才能调整好口腔的状态呢？

很多人说话从来没有注意过口腔的状态，多数都是松懈的。我们想要声音圆润集中，口腔状态良好，需要注意以下这些地方：

（1）发声时双唇集中有力；

（2）下巴放松；

（3）记得打开牙关；

（4）喉部要充分放松；

（5）提颧肌。

接下来，我再讲解一下具体的技术要领。

首先，双唇有力是指我们在说话时要有力量，不能太过于松懈。因为过于松懈，就会导致有的字词咬不准。

其次，下巴放松是指我们说话时注意下巴放松，不要处于紧张绷紧的状态。

再次，打开牙关是指说话时打开口腔。你仔细观察就会发现，很多人说话的时候是不怎么张口的，上、下牙齿之间接近闭合状态。这样会导致声音发不饱满。因此，我们平时说话时要注意观察一下自己的口腔是否会处于闭合的状态。

最后，提颧肌是播音发声训练口腔控制要领之一。我们在前面的章节也说过，提颧肌是吐字的动作要领。当颧肌提起时，口腔前部有向上抬起扩张的感觉，鼻孔略有扩大，上唇贴紧齿面。提颧肌对提高声音的亮度和字音清晰度有明显的作用。

因此，你在说话时要注意把颧肌提起来。这个动作能让你的声音变得更加积极。最简单的感受方法就是用微笑去找到这种感觉，因为，基本上微笑的时候我们的颧肌就是上扬的。

我们已经了解了调整口腔状态的办法。接下来，我们就用这样的口腔状态来发几组音：

> ba ba ba ba
> 
> da da da da
> 
> peng pa pi pu pai
> 
> 百炼成钢 波澜壮阔 壁垒森严

示范音频 2-5-3

口腔的形态会直接影响说话的声音，其中最明显的就是微笑。你可以做一个小试验：同样的一句话，你用平常的声音说一遍，然后再面带微笑说一遍，把这两句话录下来，听一下这两句话的区别。

**3. 鼻腔共鸣：**

鼻腔共鸣是通过软腭来实现的。当你的软腭放松，鼻腔通路打开，口腔的某部关闭，声音就会在鼻腔得到共鸣，从而产生标准的鼻辅音——m、n 和 ng。当鼻腔和口腔同时打开，产生的是鼻化元音，少量的元音鼻化可以让音色变得更加明亮。我们通过以下三个音来感受鼻腔共鸣：

ma mi mu
妈妈 光芒 东方

以上三种共鸣的基本情况就是这样。不同的共鸣侧重，会呈现出不同的声音状态，比如在公开发言的时候，口腔共鸣会让你的声音显得更客观、自信；而在一对一交谈的时候，适当地用胸腔共鸣会显得更加真诚、感性。男生运用共鸣，声音听起来就很富有磁性、非常耐听；而女生增加共鸣，声音听起来会柔中带刚、典雅大气。

## 四、本节小结

在这一节,我们了解了共鸣在声音中的作用,学习了鼻腔共鸣、口腔共鸣与胸腔共鸣发声的区别与运用,以及如何利用不同的场景,发出各种适合的共鸣声音,同时教给大家不同的练习方法。通过共鸣塑造有磁性的嗓音,让你的话语更显真诚。

## 五、课后练习

1. 练习口腔共鸣 ba、da、peng、pa、pi、pu、pai 的几组字音;
2. 练习鼻腔共鸣 ma、mi、mu 的几组字音;
3. 跟读胸腔共鸣的台词。

共鸣就像我们声音的音箱,能让我们的声音更加立体,更有磁性。大家一定记得要多练,这是提升你声音质感最有效的方式!

# 第六节 让你的声音更加自信的三个技巧

> **内容提要**
> 1. 声音是一个人精、气、神的体现;
> 2. 通过声音状态、气息运用、肢体语言优化你的声音。

声音变现

## 一、本节导入

声音与我们的心理状态有着密切的关系。如果你的内心不够自信，声音的表现可能会是音量小、声音虚，整体的气场很弱。这样的声音听起来肯定是不悦耳的。

很多人认为自信的展现是一些表面的东西，比如贵重的行头、精致的妆容，说来说去都是从外在的东西着手。其实这些努力方向是错误的。真正的自信源于发自内心的。如果你的谈吐欠佳，状态不够精神，即使你打扮得看似有气场，对方也还是会认为你不够自信，只是在装腔作势。

有一种办法可以让你给人留下自信的印象，那就是让你说话的声音听起来充满自信，因为声音是一个人精、气、神的体现。如果我们展现出一种自信的声音，就能向听众传达一种自信的态度和情绪。

你的声音是一笔财富，也是象征你身份的标志之一。你是受到尊重，还是被忽视，有时候取决于它。你被人定义为强大可靠，还是娇弱怯懦，也可能取决于它。如何才能让自己的声音听起来很自信呢？接下来，我们将通过三个方法来达成这个愿望。

## 二、让声音更加自信的方法

**1. 调整你的呼吸**

请想象一下,当你走进一间教室的时候,看到里面有很多人,请问谁给你留下了自信的印象?是不是那些情绪放松、心态平稳、举止大方、说话自然流利的人?

没错,放松是自信的重要表现。你此刻的状态究竟是放松的,还是紧张的,都能通过你的说话声音呈现出来。当你放松的时候,你说话时的气息会比较流畅,语速平稳,声音会比较洪亮。当你紧张的时候,你的气息就会乱,语速会不自觉地加快,声音变尖,吐字不清晰,甚至读错字音。

想要调整紧张的状态,关键在于控制好你的呼吸。既然我们可以通过控制呼吸来控制紧张的情绪,那也同样可以用来控制我们声音的呈现。在第一章第二节中,我们学习了怎样通过呼吸与发声优化声音,对呼吸的运用已经有了一些基本了解。我们以往说话时主要采用浅吸气的呼吸方式。换言之,我们的呼吸只是喉咙这块打转。

前面也说过,科学发声用的是胸腹式联合呼吸法,通过胸腔、横膈肌、腹部共同作用来扩大呼吸空间。所以说,能发出自信声音的呼吸不是用喉咙,而是喉咙联合了胸腹部共同呼吸。

无论是你在人少或人多的场合,还是台上或者台下,想让你紧张的情绪平静下来，让你的声音变得更自信，你可以运用胸腹式联合呼吸法来调整呼吸。尝试在思考的时候吸气，说话时吐气。

这跟瑜伽、冥想的基础概念不谋而合，原理都是通过呼吸去调整我们的身体状态，以达到身心平衡，让我们呈现出放松的状态。通过进行深呼吸，你的心态会渐渐放松而平稳，注意力高度集中，呈现出一种发自内心的自信。你的声音自然也会变得自信满满。

**2. 调整你的声音状态**

声音状态对一个人的形象有很大的影响。你有什么样的声音，就会给人留下什么样的印象。

我有一位大学同学，因为在上学期间受到一些青春偶像剧的影响，说话时带着一口港台腔，嗲声嗲气的。她在上学的时候，被同学们称赞可爱、率真。可当她随着年龄的增长，步入社会后，她的声音总给人一种不够专业、缺乏气场的印象。在公司里，有很多跟她不熟的同事都觉得她是个小公主一般的性格，领导也认为她谈吐举止不够有魄力，总是觉得她欠一点火候。

由此可见，我们在与人交流或者职场沟通中，可能经常会因为声音的特征而被他人定义。就像刚刚讲到的案例，如果你的声音太柔，会被认为是一个温顺而缺乏气场的人。所以，如果你想要表达一些情绪，可以根据需要在声音中将情绪反映出来，并利用它发挥你的优势。当一个人表现出积极的情绪，听者很容易感受到其内心的自信。

那么自信、有气场的声音状态应该是什么样的呢？我认为它包括以下三个标准：声音洪亮、语速平稳、音量适中。这也正是我们调整声音状态的三个努力方向。

（1）如何让自己的声音更洪亮

我们在第一章第二节和第三节中讲到，通过气息的训练，可以让声音更响亮有力。这里就不再赘述了。当然，一个人能否保持声如洪钟的状态，也与他是否具有良好的生活作息有着很大的关系。关于保护声音的好习惯，我们将在后面的章节详细讲解。

（2）如何保持语速平稳

语速平稳指的是说话的节奏不急不慢，让人听起来感觉不费力。我们在第二章第一节提到过节奏训练的方法，教大家如何调整自己的语速。如果大家觉得自己的语速需要调整，可以回看第二章第一节的内容。

（3）如何保持音量适中

音量适中指的是声音不要太大也不要太小。长时间的大嗓门，说者感到费劲，听者也会头昏眼花。声音太小不但会让对方听不清，还会显得你没有精神，缺乏自信。

我们可以记住以下这几种情绪饱满且利于展现自信心的声音特点。

a. 自信的声音：声音低沉、响亮，语速缓慢而平稳

b. 乐观的声音：措辞适当，音量适中

c. 坚定、客观的声音：关键词多，声音响亮有力

这三类声音的风格不同，但都是音量适中的。我们可以往这些方向调整自己的声音特点。

### 3. 灵活运用肢体语言

肢体语言也是语言表达的一种重要形式，它在很多情况下甚至比话语更能准确传达我们内心深处的情绪。

1971 年，加州大学有一个叫阿尔博特·梅拉宾的博士提出了一个法则，后来被称为"梅拉宾法则"。他通过调研得知，一个人对他人的印象，约有 7% 取决于谈话的内容，声音的音量、音质、语速、节奏等要素占 38%，眼神、表情、动作等因素占 55%。这就是梅拉宾法则。

由此我们可以发现，肢体语言在语言表达中的重要性。以下是对增强表达效果影响最明显的肢体语言。

（1）眼神交流

无论你是与人沟通还是上台演讲，眼神的交流都是十分必要的。有些人说话时眼神飘忽不定，不敢看对方的眼睛，显得很没

有自信。而持续的目光接触是可突显自信的，良好的目光接触可以展示出你对他们的谈话感兴趣，以及自己也很轻松自在。

据统计，良好的沟通至少有60%以上的时间有目光接触。如果长时间的目光接触让你觉得比较难，那你可以看对方眼睛附近的区域，比如鼻梁的位置。当然，你的目光要温和友善，不能死死盯着对方。

（2）坐姿与站姿

据说人坐着的时候喜欢弓着腰，耷拉着脑袋，是一种让我们心理上有安全感的保护姿势。但是这样的姿势也通常会给人一种不自信的印象。俗话说"坐如钟，站如松"，这是一句非常有道理的老话。

站姿应该保持头部端正、双肩放松，腰背部和腿部挺立，就像一棵松树一样挺拔。坐姿应该保持头部端正、腰背部的挺立，看上去落落大方。当你用这样的仪态来说话时，不仅有利于完成胸腹式联合呼吸，并且心中会不由自主地产生一股自信的力量。

总的来说，肢体语言也是一门博大精深的学问。因为我们主要讲的是肢体语言对优化声音表达的用处，所以在这里仅列举一二。有兴趣的朋友可以就这个领域深度的学习。

## 三、本节小结

在这一节，我们学习了让声音变得自信的三种方法：

声音变现

1. 调整你的呼吸；

2. 调整你的声音状态；

3. 灵活运用你的肢体语言。

通过展示自信的嗓音，让你渐渐地从声音的改变到心态的改变，成为一个内在与外在都自信的人。这就是我们设置这节课的目的。

如果你同时能够再努力一些，关注自己的内心，并付诸行动，那么你将能够用充满信心的声音去影响他人，让其他人也变得自信起来。当然，内心的自信是需要花较多力气来建立和培养的，比如说保持积极的心态，养成良好的作息习惯，高效地完成工作，实现自己的目标等，都需要付出实实在在的行动。

## 四、课后练习

认真思考一下你原来的声音表达方式是否足够自信，并从呼吸、声音状态、肢体语言三个方面进行调整，运用在你的下一次沟通中。

第三章

# 综合提升课：

### 保持高水准音质的科学练声法

## 第一节　正确用嗓，说话再多也不累的秘诀

> **内容提要** 🔊
> 
> *1.* 使用嗓子的常见问题；
> *2.* 如何正确地使用嗓子，保护声带。

### 一、本节导入

在上一节，我们学习了让声音变得自信的三个方法，并结束了第二阶段的塑声进阶训练课。从这节课开始，我们就要进入到新的学习篇章——综合提升课。在这节课中，我们要讲一讲如何在日常生活中正确用嗓。

用声音赚钱的前提是你要有一个好嗓子。有的人嗓子天生好，声音优质，但没能充分利用自身优势，错误的用嗓方式导致嗓子不断退化。学会正确科学用嗓，不仅有助于你完成声音

副业，也让你的日常说话更轻松省力。

我相信有的同学非常期待这一节内容。特别是像教师、培训讲师、演说家、销售员、客服人员等经常用嗓的朋友，可能早就希望听到这样的内容，解救自己经常受损的嗓子了。

## 二、嗓子状态自测

大家都知道过度用嗓或用嗓不当会对嗓子造成一定的损害。我们可以来做一个小测试：你回忆一下，自己平常有没有出现以下状况：

- 感觉口腔干涩；
- 感觉有异物卡在喉咙；
- 每小时清嗓两次以上；
- 说话前感觉喉咙有痰，必须先清一清嗓子；
- 声音频繁出现沙哑、刺耳的情况；
- 吞咽时感到喉部疼痛，或者有吞咽障碍。

如果你的嗓子有以上这些状况，就要特别注意平时的用嗓了。这说明你使用嗓子的方法不正确，而且存在很多不利于保护嗓子的习惯。要是症状严重的话，可能需要及时就医才能解决问题。

我的工作需要经常用嗓。无论是学员讲课,还是主持节目,都是需要高度集中注意力和长时间用嗓的。还有很多像我一样因为工作需要高频用嗓的人,比如我的一位线下学员。她就职于一家 500 强企业,平时工作很繁忙,除了向上级领导汇报工作和指导下属的工作,还得与客户沟通,每天用嗓的时间超过 5 小时,声带的劳动强度不亚于一个老师。这经常导致她的嗓子很疲惫,患上了轻微的咽炎。

其实,大多数人的用嗓方法都是错误的,会对声带造成伤害。如果用嗓方法不正确,再好的嗓子也会缩短使用寿命。只不过,有些朋友从事的职业不需要讲太多话,就没有那么严重。而那些平时就爱说话的人,以及工作上必须长时间说话的人,就难免要让嗓子承受更多的辛劳和苦楚。

一味减少说话次数和时长,是治标不治本的方法。要想从根本上解决问题,就必须找到并掌握正确的用嗓方法。如此一来,你既能畅所欲言,又不至于因为滔滔不绝而损坏嗓子。

## 三、你的嗓子为什么会受损

嗓子受损的直接原因就是声带负担过重,而声带负担过重,又跟说话时没有保持正确的口腔状态有关。

我们在第一章第五节提到过,口腔是人们在声音训练当中比较容易忽视的一个部分。很多人把大部分的精力用在如何正确吐字与发声，但常常忘记口腔对声音的重要性。在说话时，如果我们把力气都用在声带上，口腔松散，唇舌无力，会加大我们声带的负担。

我们前面说过，说话的时候一定要把口腔打开。只有把口腔打开了，声音才有了绽放出来的通道。随着口腔的打开，声音会通过共鸣变得更响亮，你的嘴唇与舌头也能更加积极灵活地运动，咬字就能更加清晰，声音更有穿透力。如此一来，你也就不需要把力量都集中在喉咙上了。而嗓子受损的主要原因正是承受了过多的力量。

正确的口腔状态是双唇集中有力、打开口腔、放松下巴与喉咙。我们也可以复习一下第二章第五节中关于口腔共鸣的内容，以便加深对此的理解。

除了口腔要有积极的状态外，你在说话的时候也要让胸腹部保持积极状态，具体说就是要用气息。很多声音训练的内容就是把发声这项工作分配给口腔和腹部这两个非常得力的帮手。

我们设计的一系列发声训练，就是为了让腹部能够多发力，从而分担一部分声带的工作压力。嘴唇、舌头和腹部这些部位的肌肉都是越练越有力，越用越灵活，最终会形成肌肉记忆。这些肌肉的弹性、韧性越大，对我们的嗓子越有好处。

## 四、怎样说话才能让嗓子不疲惫

那么,用什么方式说话才能高效发声,让我们的嗓子避免因为过度疲劳而受到损害呢?我给大家推荐三个方法。与这三个方法相关的知识点,其实在前面的章节也多次提到过。因为科学的发声方法就包含了正确的用嗓方法。我们要做的就是弄清原理、掌握要领、融会贯通。下面先介绍第一个让嗓子不受累的方法。

**1. 用气息发声**

我们在前面反复提到,正确发声一定要懂得运用气息。因此,学会呼吸发声和运用气息是始终贯穿我们整个课程的核心内容。我们之前学习的胸腹式联合呼吸法,能有效改变浅吸气的状态,通过用胸腹部吸气来自然而然地帮助我们的嗓子减压。

一般人常犯的错误就是只用嗓子的力量来说话,而不是用气息的力量来发声。如果把它按照比例来划分的话,我们说话时力量的占比应该是气息占七成,嗓子占三成。这样的气息占比,不仅能让我们发出好听的声音,也能保护我们的嗓音。

经过前面章节的学习,养成以气息为主的说话方式对你来说应该不难。从现在开始就养成新习惯,你就会很快感受到说话没有以前那么累了。

## 2. 保持两端积极而中间放松的发声状态

声音是连接我们思想与心情的纽带,与我们的心理有很大的关系。即使我们掌握了用气息说话的要领,由于情绪问题也可能发音不正确。这种不正常的发声状态在生活中十分常见。

比如,你在精神紧张的时候,会不自觉地出现下巴用力、气息短浅,以及扯着嗓子喊话的情况。有些人平时说话的声音好听,但一激动起来就走调,就是这个原因。这些不正常的发音状态不仅会让你的声音变得不洪亮,而且还会让你的嗓子比平时更容易感到疲惫。

为了解决这些问题,我们在发声时应该保持一种两端积极、适量紧张,中间放松的状态。

"两端积极"指的就是上面的口腔与下面的胸腹部应该积极作用,通过呼吸和气息产生更好的共鸣。"中间放松"指的是喉咙、下巴、脖子、肩膀都应该保持相对放松的状态。如果这些部位紧张了,你就无法发挥正常的发声水平。

有一个动作可以帮你找到两头紧、中间松的发声状态,那就是边跑步边朗读文章、诗歌。跑步会让人呼吸加快,呼吸肌肉在剧烈的运动,此时朗读会加大肌肉负担,能让我们更加清楚地体验腹部肌肉紧张收缩来控制气息说话的感觉,这就是所谓的"下紧"。由于在运动中我们需要大口换气,喉部是完全打开的状态,此时发声,需要声带在放松的状态下靠拢,更接近松弛发声，这就是所谓的"中间松"。而口腔的咬字动作，需要我们用上第一章第五节里提到的"声音变好听的12个密码"，以体验口腔适度紧张咬字的状态，这就是所谓的"上紧"。跑步朗读这个动作，就可以让我们完整体验"上下紧、中间松"的用声状态。

总之，当你坚持养成两端积极、中间放松的习惯，就会得到一种良好的发声状态，而且嗓子不容易感觉到疲惫。

## 3. 在自己的自然声区说话

还有一个让我们说话感到嗓子累的常见原因，就是不在自己的自然音区内用声。换言之，你没找到自己的声线，陷入了音高过高或者过低的误区。你试一下提高八度或者降低八度来说话，是不是比平时费劲多了？因为这就不是你的自然音区。

每个人天生的音域与发音器官、声带构造有关。有些人天生音域高，本嗓也比较高亢，能轻而易举地飙高音。有些人的本嗓就是低沉的声音，想飙高音也不容易。

我们应该根据自己的先天条件，合理地使用声带。如果想要在说话、唱歌方面拓宽音域，需要长时间专业的训练。在没有任何训练下，你非要刻意提高自己的音高，让嗓子发出的音调大大高于你的舒适音区，十有八九会出现"捏喉"的现象。捏喉是一种不正确也不好听的声音，非常伤害嗓子。反之，假如你有着一幅清亮的嗓音，却非要压着嗓子、降低音调来说话，就容易出现压喉的现象。

无论是捏喉还是压喉，你都会因为发音不在自己的舒适音区而感到喉部不适、紧张。肌肉长期处于紧张状态，就会变得僵硬、酸痛。嗓子也是一样的，长期紧张非常不利于我们的喉部健康。

什么是适合自己的音高呢？我们在说话说最自然最舒适的音高就是最适合的。你可以把大部分的用声放在这个音区，自然就能省力用嗓、正常发声了。

## 五、本节小结

在这一节，我们首先讲述了不正确的用嗓方式造成的危害，接着介绍了科学用嗓的三个技术要领：一是用气息发声；二是保持两端积极而中间放松的发声状态；三是在自然声区说话。

只要平时说话注意这些方面，我们就能逐步形成正确的用嗓习惯，延长嗓子的使用寿命，保障好你用声音来赚钱的资本。

## 六、课后练习

首先测试自己的声音状态，然后练习口腔的积极状态，注意做到双唇集中有力、打开口腔、下巴与喉咙放松。如果你能熟练掌握正确的用嗓方式，就会感觉说话越来越轻松，也不会因为说话太久而出现嗓子疼、声音嘶哑等问题。

## 第二节　朗读示范，综合提升你的普通话质感

**内容提要** 🔊

*1.* 了解关于普通话的基本常识；
*2.* 听示范朗读，纠正和完善自己的普通话发音。

### 一、本节导入

在上一节，我们介绍了保护嗓子的科学方法。从这一节开始，我们将从其他方面来综合提升你的声音水平。

还记得你在阅读第一章第一节时做的声音自测吗？好声音的一个重要标准就是拥有一口纯正的普通话。不标准的普通话会让别人听得不太明白，甚至引起不必要的误会，闹出令人捧腹的笑话。

在这一节中，我们将通过汉语拼音跟读训练来掌握普通话的标准读法，供大家学习参考，也便于你查询一些自己不知道如何读的字音。

## 二、关于普通话的常识

什么是普通话呢?普通话就是以北京语音为标准音,以北方话为基础方言,以典范的现代白话文著作为语法规范的通用语。它同时也是联合国工作语言之一。需要指出的是,汉语不等于普通话。汉语还包括各种方言,普通话只是汉语中的一种。

从理论上说,普通话是我国的通用语言。我们国家地大物博,在大城市工作的人来自五湖四海,原本都说着自己的家乡话,南腔北调,差异极大。如何与来自各个不同地方的人沟通交流呢?普通话就是最好的工具。

我在生活中见过许许多多天生音质不错的人。美中不足的是,他们的普通话说得不好,比如最常见的 n、l 不分,平舌音、翘舌音不分,而且还带着各自的乡音。同一个汉字,也能读成千差万别的声调。

想要学好普通话,首先要熟悉汉语拼音的读法。我们在小时候读书时就学过拼音,可是因为各地的方言习惯,真正读起来就不那么标准。因此,这一节的主要目标就是要了解汉语拼音,并且学习它们的准确发音。

## 三、普通话拼音朗读训练

汉语普通话拼音一共有 22 个声母和 39 个韵母。我们把声母与韵母分为两个部分来学习。接下来，你可以跟着我的示范读音边读边学。

**第一部分：声母训练**

声母包括双唇音、唇齿音、舌尖中音、舌根音、舌面音、舌尖后音、舌尖前音。下面请跟着我一起学习：

双唇音

具体包括 b、p、m 等三个声母。

b：北部　包办

p：爬坡　拼盘

m：美妙　茂密

示范音频 3-2-1

唇齿音

只有 f 这一个声母。

f：芬芳　丰富　非凡

示范音频 3-2-2

舌尖中音

具体包括 d、t、n、l 等四个声母。

d：等待　道德

示范音频 3-2-3

t：团体　探讨

n：南宁　能耐

l：理论　罗列

### 舌根音

具体包括 g、k、h 等三个声母。

g：巩固　骨干

k：可靠　慷慨

h：航海　欢呼

### 舌面音

具体包括 j、q、x 等三个声母。

j：经济　境界

q：亲切　秋干

x：学习　详细　消息

### 舌尖后音

具体包括 zh、ch、sh、r 等四个声母。

zh：指针　政治　转折

ch：叉车　长城　串场

sh：声音　胜利　世界

r：柔韧　仍然　忍让

**舌尖前音**

具体包括 z、c、s 等三个声母。

z：藏族　　总则　　最早

c：层次　　仓促　　猜测

s：搜索　　松散　　三思

示范音频 3-2-7

**第二部分：韵母训练**

韵母包括单元音韵母、复韵母、鼻韵母。下面请跟着我一起学习：

**单元音韵母**

具体包括 a、o、e、i、u、er 等六个韵母。

a：发达　　喇叭　　大妈

o：菠萝　　婆婆　　泼墨

e：特色　　合格　　色泽

i：笔记　　地理　　秘密

u：图书　　出租　　孤独

er：而且　　二胡　　洱海

示范音频 3-2-8

声音变现

**复韵母**

具体包括 ai、ei、ao、ou、ia、ie、ua、uo、ue、iao、iou、uai、uei 等十三个韵母。

ai：彩排　　拍卖　　白菜

ei：北美　　北非　　配备

ao：报告　　早操　　号召

ou：收购　　欧洲　　豆蔻

ia：假牙　　加价　　恰恰

ie：贴切　　结业　　谢谢

ua：挂画　　刷牙　　花袜

uo：着落　　哆嗦　　活泼

ue：悦耳　　乐章　　月亮

iao：巧妙　　逍遥　　娇小

iou：悠久　　优秀　　舅舅

uai：外快　　古怪　　好坏

uei：校对　　惭愧　　开会

**鼻韵母**

具体包括 an、en、ian、in、un、ang、eng、ong 等八个韵母。

an：展览　漫谈　反叛

| | | | |
|---|---|---|---|
| en： | 根本 | 振奋 | 深沉 |
| ian： | 简便 | 偏见 | 减免 |
| in： | 拼音 | 金银 | 贫民 |
| un： | 均匀 | 寻找 | 群体 |
| ang： | 长江 | 帮忙 | 当场 |
| eng： | 风声 | 鹏城 | 丰盛 |
| ong： | 共同 | 交通 | 中国 |

以上就是普通话标音训练的全部内容。除了一些特有的生僻字以外，这一节提到的声母与韵母拼音训练已经涵盖了绝大部分的汉字读音。

## 四、本节小结

在这一节，我们了解了普通话的基本常识，并进行了系统的普通话发音训练。标准的普通话会让你的口头表达更清楚、更有魅力，给人留下更专业的印象。因此，说好标准的普通话是优化声音的一项必修课。

## 五、课后练习

跟读这一节提到的拼音练习，把练习过程录成音频，然后对照普通话示范音频，检查自己的发音是否标准。

声音变现

## 第三节　绕口令训练，让你口齿更伶俐

**内容提要**

1. 绕口令对优化声音的意义；
2. 一组以字音来划分的绕口令练习。

### 一、本节导入

在上一节，我们学习了普通话的标准读音。很多朋友在阅读单个词语的时候，发音还是很准确的，但到说话的时候就不一定了，一遇到连贯的句子，可能就会不自觉地冒出一两句乡音。这离练成一口流利的标准普通话还差得很远。在这一节中，我们将借助绕口令来强化发音准确性。

### 二、绕口令的意义与综合练习

绕口令是声音专业人士在练声时必不可少的训练手段。它属于流传在民间的口头文字，以语言生动、形象、富于变化而著称。绕口令不仅能增强人们的唇舌灵活度，也有利于提高发音的准确度。

我摘选了一些听起来很绕嘴的且有具体情节的趣味绕口令。选这些绕口令的目的就是帮助大家找准发音部位,灵活运用前面学到的发音方法。

我们在练习的时候,应该先针对自己最不擅长的读音来进行练习,先通读一遍对应字音的绕口令,找到自己发声的毛病所在。每段绕口令都有慢速版和快速版两个示范音频。因为练习绕口令讲究循序渐进,先从慢速念绕口令开始,然后开始逐渐加快节奏,直到能像连珠炮那样一气呵成。

此外,我们在练习绕口令的时候,一定要结合科学运用气息的方法。否则你就很容易把绕口令说得磕磕巴巴,屡次因为气息不足而中断。

接下来,我们将以字音来对绕口令进行分组。请大家一起跟着我的示范音频边读边学。我们先从以 b、p 字音为主的绕口令开始学起,随后再拓展到其他字音的绕口令。准备好了吗?倒数计时,一、二、三,开始。

示范音频 3-3-1

b p
八百标兵

八百标兵奔北坡,炮兵并排北边跑。
炮兵怕把标兵碰,标兵怕碰炮兵炮。

dt

白石塔,白石塔,

白石搭石塔,白塔白石搭。

搭好白石塔,白塔白又大。

fh

粉红墙上画凤凰

凤凰画在粉红墙

红凤凰、粉凤凰,

红粉凤凰、花凤凰。

jqx

七巷一个漆匠,

西巷一个锡匠,

七巷漆匠偷了西巷锡匠的锡,

西巷锡匠拿了七巷漆匠的漆,

七巷漆匠气西巷锡匠偷了漆,

西巷锡匠讥七巷漆匠拿了锡。

请问锡匠和漆匠,

谁拿谁的锡?

谁偷谁的漆?

n l

刘奶奶买了瓶牛奶,

牛奶奶买了斤牛肉,

刘奶奶拿错了牛奶奶的牛肉,

牛奶奶拿错了刘奶奶的牛奶,

到底是牛奶奶拿错了刘奶奶的牛肉,

还是牛奶奶错拿了刘奶奶的牛奶。

s shi

山前有四十四棵涩柿子树,

山后有四十四只石狮子,

声音变现

> 山前的四十四棵涩柿子树，
> 
> 涩死了山后的四十四只石狮子，
> 
> 山后的四十四只石狮子，
> 
> 咬死了山前的四十四棵涩柿子树，
> 
> 不知是山前的四十四棵涩柿子树涩死了山后的四十四只石狮子，
> 
> 还是山后的四十四只石狮子咬死了山前的四十四棵涩柿子树。

最后，我们来练习一个综合性的绕口令。这个绕口令比较长，所以大家在练习时要注意体会均匀吸入气息的全过程，吸气一定要饱满、松弛、有力度，然后在控制好节奏的前提下以较快的速度呼气。通过循环练习来掌握准确的读音并保持连贯的气息。下面请大家跟着我的声音朗读：

> 天上看，满天星，地上看，有个坑，坑里看，有盘冰。坑外长着一棵松，松上落着一只鹰，鹰下坐着一老僧，僧前点着一盏灯，灯前搁着一部经。墙上钉着一根钉，钉上挂着一张弓。

> 说刮风,就刮风,刮得那男女老少难把眼睛睁,刮散了天上的星,刮平了地下的坑,刮化了坑里的冰,刮断坑外的松,刮飞了松上的鹰,刮走鹰下的僧,刮灭了僧前的灯,刮乱了灯前的经,刮掉了墙上的钉,刮翻了钉上的弓。
>
> 这正是,星散,坑平,冰化,松倒,鹰飞,僧走,灯灭,经乱,钉掉,弓翻。这是一段绕口令!

## 三、本节小结

这一节的内容到这里就接近尾声了,我们来总结一下所学的内容。我们主要以读准字音为目标来进行绕口令的练习,同时也练习了我们的口腔灵活度与对气息的运用。

绕口令训练不仅能帮你解决平舌音和翘舌音、鼻音和边音等字音发不标准的问题,还有助于锻炼口腔的灵活度,让你快速恢复良好的说话状态。所以大家一定要勤学苦练,早日练出字正腔圆、优美动听的普通话。

## 四、课后练习

跟读练习这一节提到的所有的绕口令,然后找到自己的薄弱环节,重点训练字音对应的绕口令。我希望大家能坚持每天练习两遍到三遍,直到你能口齿伶俐地说出每一段绕口令为止。

## 第四节　科学发声，保护嗓子长青不老

> **内容提要** 🔊
> 
> *1.* 对嗓子有负面影响的因素；
> *2.* 有利于保护嗓子的生活习惯；
> *3.* 两个保护嗓子的有效方法。

## 一、本节导入

在上一节，我给大家分享了许多绕口令，有助于大家锻炼口腔灵活度，提高普通话的发音准确度。当你真正下功夫去练习，就会发现即使用了第三章第一节提到的科学用嗓方法，时间一久还是会感到嗓子不舒服。所以，我们今天就来聊一聊大家都很关心的嗓子保护问题。

生活中经常有人问我："为什么你的声音听起来这么年轻？"说一个人声音年轻，并不是说那个声音听起来像小女生，或者听起来年龄很小，而是在说他的嗓音清脆、饱满、富有质感。我的声音之所以听起来年轻，一方面来自声音的塑造能力，另一方面则是因为我懂得如何保护嗓子。

作为主持人和老师，我是一个职业用嗓的人。无论在荧幕前、舞台上，还是在生活中，我都有很多的用嗓经历。别看我现在的嗓子保持了良好的健康状态，想当年，我也曾经因为不会保护嗓子，屡次导致喉咙沙哑到说不出话。

也算是久病成良医吧。我为了避免这种情况再发生，非常注意避免那些会影响自己嗓子的因素，并总结了一套保护嗓子的有效方法。在这一节，我会给大家分享自己以往的护嗓经验，以便让你的嗓子能长青不老。

## 二、对嗓子有负面影响的因素

我们先来看一下自己的嗓子在什么情况下最容易受到伤害。

### 1. 错误的用嗓方式

不当的用嗓方式是声带受损的主要原因之一。我们在前面学习了很多科学发声的方法，对保护嗓子有所益处。但是，我们可能在某些特定场合会出现不当的用嗓方式。比如，在欢聚时用力欢呼，发出尖叫，或者是用超出自己的声带负荷的音量来大声讲话。诸如此类的举动都会对咽喉造成伤害，让你的嗓子劳损，声音变得嘶哑，甚至在一段时间内无法正常说话。如果你需要经常发出高品质的用声，就要注意减少或避免这些情况。

### 2. 咳嗽

每一声咳嗽都会给我们的声带施加压力。它不仅会打乱你的讲话节奏,还会造成声带内摩擦,导致声带受损。如果你已经咳嗽了很长一段时间,就应该尽早去诊断和治疗。要知道,你的声带比肌肉脆弱得多,不能不小心保养。

### 3. 生病、变声期和女生的特殊时期

在生病、变声期和女生的特殊时期等情况下,人的声带黏膜会增厚,容易产生病变。所以,当我们处于这些阶段时,最好少用嗓,甚至不用嗓,特别是不能进行任何声音训练。在这种情况下强行训练不代表我们能吃苦耐劳,只能说明我们不遵循科学。

## 三、有利于保护嗓子的生活习惯

除了科学用嗓之外,我们平时的生活习惯也对嗓子有很大影响。不良生活习惯会影响我们的身心状态,进而必然会让嗓子跟着遭殃。为此,我希望大家能保持以下八个良好的生活习惯。

### 1. 保证充足的睡眠

当你的身体很疲惫时,声音状态就不可能很好,经常紧张

会导致声带绷紧，难以发挥出自己的正常水平。但如果你保证充足的睡眠，就能扭转这一切。所以说，注意劳逸结合，保证足够的睡眠时间，是保护嗓子的第一个好习惯。

充足的睡眠是让声音保持良好状态的必要条件。当我们进入睡眠状态后，身体的很多器官都会因为自愈力而能得到有效修复。充足的睡眠不仅能让我们精神饱满，也能让气息更加饱满，声音充满力量。相反，如果睡眠不足的话，很容易疲劳，声音也显得比较薄弱。因此，为了你的嗓子，请戒掉经常熬夜的坏习惯。

**2. 保持良好的身心状态**

我们在前面的课程中也有讲到，声音可以反映一个人的身心状态。好的声音必然来自良好的内在状态和外在状态。所以说，拥有健康的身体与心灵，你已经成功了一半。你的声音会给听众带来健康、自信、积极的感受。

**3. 学习放松和减压**

工作或学习可能会给人们带来压力，压力一大，你的声音状态就会变差。所以，无论你平时有多么忙碌，都要学会让自己由紧张的状态转为放松的状态。老话说得好，文武之道，一张一弛。只张不弛，必然受伤。你要懂得休息，休息不是偷懒，而是为了更好地创造价值。放松减压的方法多种多样，可以根据自己的喜好来选择合适的方法。

**4. 避免喝酒**

喝酒会让你的口腔、咽喉感到干燥。烈酒更是会直接刺激嗓子，让你的音质变差。所以，专业声音工作者在用声前一定要避免喝酒。

**5. 少喝冷饮**

饮料进入食道时不接触声带，所以喝冷饮、冰水等不会直接伤害声音。但是，在物理学热胀冷缩原理的作用下，喝冷饮会让你的喉咙肌肉收缩，使声带变得紧绷。我们多次强调，声带紧绷是无法发出好声音的。相反，热饮可以放松喉咙，有助于发声。

**6. 保持充足的水分**

长时间不喝水或者喝水很少，都会导致你体内的水分不足。身体一缺水，声带就会变得干涩，从而破坏嗓音。所以，我们每天应该喝足够的水，以求保持体内水分充足，声带不至于太干涩。因每个人的体质不同，也能从不同的食物中摄取水分。总之，不要让嗓子长时间缺水就对了。

### 7. 用蜂蜜水润喉

蜂蜜是一种常用的润嗓良品。我相信很多朋友都知道，早晨或晚上喝一杯温的蜂蜜水，能够快速滋润嗓子。需要注意的是，一定是用温水来冲蜂蜜，这样才不会破坏蜂蜜的功效。喝冷水是不利于保护嗓子的。

### 8. 清淡饮食

虽然有些人认为吃辛辣或煎炸的食物对声音没有直接的影响，但是刺激性食物会对我们的胃产生影响，比如胃胀气、胃疼、反酸等。我们在发声时会用到腹腔，胃部不适就会对腹部发声有很大影响。如果你在这方面感觉很明显，就要注意少吃辛辣或煎炸的食物。专业的声音工作者一般会选择比较清淡利口的饮食，最大限度地减少食物对嗓子的刺激。

## 四、两个有效的护嗓方法

最后，我再教给大家两个护嗓的方法。

### 1. 帮你的嗓子做热身练习

在运动前，我们通常都要做一些热身来保护身体。其实发声也一样，可以通过热身来避免一些损伤。下面是我常用的两种对嗓子有好处的热身练习。

（1）身体舒展

这个热身方法叫作"手臂环绕"。我们先放松站立，身体要挺直，慢慢地从下往上举起手臂，越过头顶，指尖向上，环绕向后，落下手臂，做手臂的前环绕。

在做的过程中，我们要在举起手臂时吸气，同时踮起脚尖，越过头顶后呼气，慢慢放平脚掌。再做一次手臂后环绕。手臂往后环绕，越过头顶，从前面落下手臂，同时注意举起手臂时吸气，同时踮起脚尖，越过头顶后呼气，慢慢放平脚掌。

这是一个连贯的身体舒展动作，主要目的是帮助我们放松全身，特别是你的声带。

（2）口腔热身

这个热身方法叫唇颤音。首先吸一口气，上、下唇轻轻地贴在一起，慢慢地呼气，上下嘴唇就会拍打起来，有点像摩托艇开动的声音。呼气完成后，休息、换气，再重复二、三遍。在你成功地重复几次练习之后，脸部肌肉、口腔与唇部都应该能感觉到放松，充满活力。

## 2.给你的嗓子放个假

如果有可能的话，我们可以花多一点时间来休整嗓子。比如，你在家休息或者学习的时候，争取一整天不说话。如果有条件，可以沉默更长的时间，改用其他方式来跟别人交流。特别是对于那些长期、经常用声，嗓子疲劳的朋友，长时间的休整能让你的嗓子有比较明显的改善。

## 五、本节小结

在这一节，我们学习了对嗓子有负面影响的因素，有利于保护嗓子的生活习惯（包括健康作息、饮食等），还有两种有效的护嗓方法。

通过多管齐下的科学保养，我们能够让嗓子长期保持一个健康的状态。养嗓千日，用嗓一时。希望你的嗓子和事业都能保持长青不老。

## 六、课后练习

对于本节讲到的身体舒展（手臂环绕）与口腔热身（唇颤音），每天坚持各练习一次到两次。此外，如果你还没有养成八种利于保护嗓子的良好生活习惯，也请从今天开始做出改变。

声音变现

## 第五节 每天 10 分钟,科学练声开金嗓

> **内容提要** 🔊
>
> *1.* 怎样系统地进行练声;
> *2.* 为大忙人准备的 10 分钟练声方法;
> *3.* 如何在录制节目前或登台发言前开嗓。

## 一、本节导入

在上节课,我们介绍了关于如何科学保护嗓子的方法,能让大家有效延长嗓子的使用寿命,保持高水准的声音状态。细心的同学可能要问了,我们平时应该怎样去练声?要练很长时间吗?怎么练声才有效?每天工作学习那么忙,没有足够的业余时间进行练习,又该怎么解决?

这节课,我将告诉大家如何进行系统地练声。系统练声适用于空余时间比较多的同学,而对于那些平时很忙的同学,我设计了一个 10 分钟练声方法,可以让你们用最少的训练保持良好的声音状态。此外,我还为大家准备了在登台发言或录制节目前的开嗓方法。接下来,我们一起来学习这些内容。

## 二、为什么要练声

**1. 我们为什么要练声**

练声有哪些好处呢？首先，有目标的练声能够解决我们的声音问题，提高我们声音的音质与表现力。其次，系统的练声能让我们的发声器官与相关肌肉得到充分的锻炼，增加了耐力，长时间的练习甚至可以形成肌肉记忆。这些都有助于我们的声音始终保持良好的状态，为声音变现打下扎实的基础。

**2. 练声的主要环节**

系统的练声应该具备哪些环节呢？主要包括五个步骤：热身—深呼吸—气息练习—绕口令—朗诵一段文字。

第一步：热身

热身指的是身体舒展和口腔热身（唇颤音）。我们在上节课讲到，热身对保护嗓子非常重要。它能调整我们的发声状态，让嗓子得到充分的放松。

第二步：深呼吸

找到深吸气的感觉，通过胸腹式联合呼吸法来放松身心、储备气息。

第三步：气息练习

通过气息练习来打通我们的发声通道。我们学过的气息练习有气球漏气法、"a"延长音练习、数枣法，你可以依次进行练习。

第四步：绕口令

通过读绕口令强化我们的字音，提高发音准确度。同时也可以结合绕口令进行气息训练，让我们的吐字更加圆润清晰。

第五步：朗诵一段文字

我们在本书中提及的一些案例，还有课后作业资料，或者现代诗、散文、剧本、故事、演讲稿、主持词等，都可以用来进行朗诵训练，以增强声音的情感表现力。

## 三、为大忙人准备的10分钟练声法

考虑到大家平时的工作生活可能比较忙，没有太多时间专门花在练声上。为此，我给大家量身定做了一套快速练声方法——10分钟练声法。每天只用坚持10分钟有针对性的练习，同样可以改掉你的发声毛病，优化你的声音音质，让你保持较高的水平。

10分钟练声法的步骤是：热身—"a"延长音—绕口令练习—朗诵现代诗。具体做法如下：

1. 首先做两次手臂环绕与唇颤音热身；

2. 然后做两次完整的"a"延长音练习，深呼吸，一口气完成；

3. 接着练习绕口令"八百标兵"和"柿子树与石狮子"，练习时注意发音的准确性，以及气息的结合练习；

4. 最后，练习文章选段。

## 第三章 综合提升课：保持高水准音质的科学练声法

《热爱生命》
我不去想是否能够成功。
既然选择了远方，
便只顾风雨兼程。

我不去想能否赢得爱情。
既然钟情于玫瑰，
就勇敢地吐露真诚。

我不去想身后会不会袭来寒风冷雨。
既然目标是地平线，
留给世界的只能是背影。

我不去想未来是平坦还是泥泞。
只要热爱生命，
一切，都在意料之中。

这里需要特别注意的是，这是一个比较普通的练习文本，内容是可以替换的。比如说，你的发音有平翘舌问题，那就多练平翘舌的绕口令，"柿子树与石狮子"；如果你有鼻音与边音的问题，那就多练"刘奶奶和牛奶奶"；在文章选择方面，如果你的问题是说话节奏太慢,那就需要练习快板;如果你的问题是缺乏感情,那就需要练习话剧《叶赛利亚》的选段。

总之,我们就是要根据自身的具体情况来选择不同的练习内容。有目标的练习,才能解决你的声音问题,达到提升声音水平的目的。

## 四、录制节目前或登台发言前开嗓

接下来,我们来讲一讲在录制节目前或登台发言前,或者在一些重要的谈话前,我们应该如何快速地开嗓,把声音调整到一个更理想的状态。

**1. 放松下颌**

下颌就是我们打开牙关时凹陷下去的部位。我们在登台前可以用双手去按摩下颌处的肌肉,使其处于放松状态,有利于更好地发声。当你因说话太多而感到疲惫时,或者是刚睡醒口齿还不清晰时,都可以通过这个方法来调整状态。

**2. 深呼吸**

在放松下颌之后,我们还应该按照第一章第二节讲的方法进行深呼吸。注意保持肩膀放松、胸部放松,把气息下沉到腹部,呼气时均匀地发出 si——的声音,直到气息吐完为止。做五组深呼吸，你的气息就能调理好了。

## 3. 气泡音

开嗓离不开放松声带。气泡音是一种业内公认的放松声带的好方法。发 er——的气泡音，相当于你用气息来按摩声带，使之放松。气泡音不仅可以用于登台前的开嗓，还可以在平时感到嗓子疲劳时用来调整声带。

## 4. 唱歌

唱歌是一个帮助我们打开嗓子的好办法。在我们唱歌的时候，口腔会张得比较大，还会自然地体现出声音韵律，比日常说话更容易寻找令人悦耳的节奏。所以，唱歌对优化我们的声音有很大的好处。我有时也会在练声后或者录制节目前唱一段自己喜欢的歌曲。每当唱完那首歌后，我会觉得自己的嗓子很快就打开了，声带也松弛了很多，一下子就进入了有利于自由发声的状态。

## 5. 朗诵诗歌

朗诵诗歌也是一种有效的开嗓方法。尽管朗诵诗歌跟唱歌的发声方式不一样，但两者的共同点是都有优美的韵律和节奏。诗歌要求朗诵者要吐字圆润，抑扬顿挫，节奏快慢适中，最重要的是必须投入饱满的感情。所以当你饱含深情地朗诵完几首诗歌后，不仅嗓子完全打开了，而且酝酿的情绪也能让你在录制节目或者登台发言时做到声情并茂，声入人心。

根据我的经验，朗诵毛泽东主席的诗词最适合开嗓。比如，"沁园春"系列的诗词都非常适合用来开嗓。因为他的诗词意境开阔，气势磅礴，有较多感情起伏，充满了奋发昂扬的力量，容易点燃我们内心的激情。多多朗诵他的诗词，有利于我们丰富声音的变化，更好地呈现声音的情感表现力。

## 五、练声的时间与注意事项

最后，要跟大家说一说，练声的时间与注意事项。虽然说勤练苦学能学习是件好事，但练声也要讲究科学适度，练习时间不能太长。过度训练同样会对嗓音有所损伤。一般来说，练声最好不要超过 30 分钟。

比起单次训练时间的长度，练声更重要的是做到持之以恒。冰冻三尺非一日之寒，不能一口吃个胖子。另外，当大家处于生病期、变声期或女生处于生理期等状态下，要严格禁止练声。我们在前面讲护嗓时就提到过，这三个时期的声带黏膜增厚，容易产生病变，所以练声一定注意不要违背科学。

## 六、本节小结

在这一节，我讲解了系统的练声方法，让你可以在时间充足的时候进行练习。我还特意给大家设计了 10 分钟的练声法，让你可以在忙碌的工作间隙进行练习。此外，我们还介绍了登台、录制节目、重要谈话前的五种开嗓办法，让你能够快速打开嗓子，在正式出镜时调整到良好的声音状态。这节课的内容比较丰富，希望大家能多练习，多实践。

## 七、课后练习

第一，实践我教给你的 10 分钟练声法，可以根据自己的声音情况替换合适的内容；

第二，练习本节课提到的五种开嗓方法，直到熟练掌握为止。

# 第六节　怎样在重要场合调节自己的声音状态

> **内容提要** 🔊
> 
> *1.* 主播应该怎样调整声音状态；
> 
> *2.* 如何在演讲前调整声音状态；
> 
> *3.* 如何在面试场合调整声音状态。

## 一、本节导入

在上一节中,我给大家分享了 10 分钟练声法。按照这个方法认真练习,可以让你长期保持良好的声音状态。如果说这是练成好声音的内功心法,那么我们这节课要讲的内容好比是临战时的武功招式。

我相信大家经过对前面课程内容的勤学苦练,已经积累了一定的基本功,对实战运用跃跃欲试了,所以我今天要给大家分享一下在不同的重要用声场合的实用技巧。具体而言就是如何在登台之前把自己的声音快速调节到一个良好的状态。只要大家掌握了这些简单的方法,并在用声的时候实践,一定会给你的发声表现带来益处。

我们首先来说大家比较关注的音频主播,讲讲他们在主持节目之前是如何调整好自己的声音状态的。

## 二、主播如何调整声音状态

由于专业化程度高,主播的声音无疑比一般人好听,但不是每个主播都拥有完美的音质。他们可能先天的声音条件不突出,是通过后天刻苦训练与科学的发声方法加持,才让自己的声音脱胎换骨。

可话说回来,主播也是人,同样会出现状态奇佳和状态低迷的情况。状态低迷的主播，声音水平会比平时有明显退步。所以，主播必须学会随时保持良好的声音状态。

对于主播来说，什么才是良好的声音状态呢？首先，主播要学会用声音去传递心情，向听众表达出积极、热情的态度，或者与节目调性相符的态度，让听众能更快地理解节目内容。其次，主播还要有清晰、明亮的嗓音，让听众感到耳朵像被轻轻按摩一样舒服。

那我们如何能够调动自己的情绪，调整到这样的发声状态呢？可以采用以下两个办法。

**1. 对象感**

大家看节目的时候，感觉自己跟主播是隔着屏幕面对面。但主播录制节目的时候其实是对着摄像机或者屏幕说话，基本看不到听众的真实样子。没接受过专业训练的人容易缺乏"对象感"。

具体表现是，目光漂移或者躲闪镜头，肢体语言繁杂多余，语音不自然，完全无法自然地面对镜头和观众，说话的时候不像是在跟大家交流，而是像自说自话的表演。这样会让听众的收听体验不太舒适。

一定要记住，当你对着屏幕说话时，你的声音会通过网络传播到很多人的耳朵里。所以我们在播节目的时候要一定有对象感。这样做会让你的声音更有感染力，听众会给出更好的反馈。

具体的办法是，把镜头当成人的眼睛，把拍摄你的手机当成坐在你对面的那个人的脸。你在说话的时候，一定要想象自己是在看着对面这个人的眼睛说话。多做几次这项练习，你就能找到对象感，主持节目的时候就更加挥洒自如了。

**2. 绕口令**

你在录节目前可以练习几组绕口令，可以着重练习平时发音不太好的绕口令。练习绕口令可以让我们的口腔、嘴唇、腹部等发声器官进入一种积极的状态，在接下来说话的时候吐字更清楚，口齿更伶俐。

## 三、如何在演讲前调整声音状态

我们再说一说演讲前的调整方法。除了选题与内容的策划，演讲的一个重要事项就是做好备稿工作。在大部分情况下，演讲者不会拿着文稿边看边讲，都是脱稿进行的。所以我们一定要对自己要讲的内容滚瓜烂熟。

很多人在演讲前感到紧张，主要是对稿件内容不熟练造成的。如果你对脱稿讲话没有把握，就在演讲前多练习、试讲几次，直到完全熟悉内容为止。这也是做好演讲的前提条件。

为了调节自己的声音状态，我们在演讲前可以运用以下两个方法。

**1. 口部操**

我现在教大家做一些口腔的练习,这种练习叫作"口部操"。它的主要作用是能让我们的口腔更加灵活,以便口腔肌肉快速地找到良好的发声状态。口部操主要分为两个步骤。

第一步:嘴唇练习

你要轻闭双唇,稍稍嘟嘴,先用嘴唇的力量平行向左移动,过程中不要张嘴,保持稍稍嘟嘴状态,然后再平行向右移动,左右的移动成一条直线,继续保持,左右连贯起来,左右移动为一次,5次为一组,练习3—5组。

第二步:口腔开合

先张开嘴唇,舌头外伸,稍稍用力,舌尖靠向下巴的位置,保持2秒,然后收回,一次为一组,练习5—8组。

**2. 开嗓**

在演讲之前,如果条件允许,你可以先找个安静的地方大声地朗读自己喜欢的诗词或文章。这样你的口腔肌肉就能进入活跃状态,从而到了正式演讲的时候就可以直接进入口若悬河的演讲状态。

如果周围的人很多，没有条件去安静的地方大声朗读，你也可以跟坐在附近的人说说话，聊聊天。跟别人聊点轻松的话题，可以帮你摆脱注意力过于集中所造成的焦虑，减轻心理压力，让你的喉部肌肉更松弛。我们前面说过很多次，喉部肌肉放松了才能发出好声音，绷紧了肯定影响发声效果。

## 四、如何在面试场合调整声音状态

最后，我们来说一说面试的时候，如何让自己有一个良好的声音状态。大家在面试的时候，最容易出现的问题就是过度紧张。过度紧张会导致你的声带变得紧绷。喉咙放不开，声音也出不来。这样说话肯定是没法发挥你平时的正常水平的。

我们可以通过做一些热身训练让自己整个人都放松下来，比如前面提到的身体舒展热身——手臂环绕。具体过程不再赘述。

如果你觉得还不能够放松，可以参考前两个场合的调整方法。无论怎样，关键在于放松身心，特别是声带。

## 五、本节小结

在这一节，我主要讲解了在主播、演讲与面试三个不同的用声场合，如何快速地调节自己的声音状态。这些方法能让你在向大众展示自我的时候，把声音调整到最佳的状态。

## 六、课后练习

组织一次小范围的演讲或者来一场模拟面试,然后按照上述方法来调整自己的声音状态。多练习几次,最好都能用手机录下来,找出自己的优点和不足,然后进行有针对性的强化练习。

第四章

# 实操变现课：

## 打造属于自己的声音 IP

## 第一节 剖析八个新媒体声音变现平台

> **内容提要** 🔊
>
> *1.* 剖析新媒体声音行业的发展形势；
> *2.* 深度介绍八个最具代表的声音变现平台。

### 一、本节导入

在上一章中，我们学习了在不同场合下快速调节声音状态，并结束了第三阶段的综合提升训练课。从这一节开始，我们就要踏入全新的课程阶段——实操变现课。这也是大家在学习完声音训练后，最期待的部分。相信不少朋友已经摩拳擦掌，想要通过好声音开启副业赚钱之路了。

在接下来的五节课内容，我将带着大家认识一下目前主流的声音变现平台，以及有哪些可行的变现方式，还会帮助你找准自己的声音变现方向。当然，我还会手把手教你如何制作自己的音频节目，打造有自己特色的声音节目。在这节课，我们主要介绍八个新媒体声音变现平台。

## 二、新媒体声音行业的发展形势

毫不夸张地说，新媒体的出现大大改变和丰富了我们的日常生活。大家以前主要是使用电脑，现在人们几乎更多的是在使用手机。除了非常火的短视频之外，音频其实也在移动互联网经济中占据了相当大的市场份额。2019 年喜马拉雅平台每个月活跃的用户数量接近 1.4 亿，荔枝 FM 和蜻蜓 FM 则依次排在第二位和第三位，分别为 5 282 万和 4 022 万。

2019 年喜马拉雅"123 狂欢节"内容消费总额约 8.28 亿元，可见平台用户的付费能力非常强。喜马拉雅的两名有声书主播"有声的紫襟""牛大宝"，登上了"福布斯中国 30 岁以下精英榜"，其中"有声的紫襟"更是年入千万。

从以上数据可见，收听音频的人与日俱增。过去的传统电台几乎被个人电台所取代。四大名著、国外经典小说、相声、脱口秀等内容都可以通过音频来收听。而且音频十分方便，我们可以在等公交、乘地铁、吃饭时、睡觉前等碎片化时间收听。更重要的是，音频能让我们因过多看电脑、手机、电视屏幕而高度疲劳的眼睛得到解放。

新媒体音频的诞生还有一个划时代的重大意义,那就是给广大"草根"提供了一个更加公平和开阔的发展平台。这个行业不问学历、不问出处,只看内容的质量与品牌的个性。除了一些传统媒体人转战新媒体音频外,很多成功的音频制作者原先并不是媒体领域的人。所以说,收听我们声音变现课程的朋友,都有机会在音频市场取得成绩。

想要实现声音变现,第一步就是让别人听到你的声音。所以我们要先选一个或几个平台上传自己的音频节目。这是前期踏入这个行业最基础的一步。所以,我用心为大家整理了八个最主要、最活跃的音频平台。下面就来逐个分析和总结这些声音变现平台的特点,帮助你认清现状,选对适合自己的赛道。

## 三、八个最具代表性、最活跃的音频平台

市场上的音频平台主要有以下几个品牌。大家可能在平时生活中也有一定的接触,就算不是资深用户,至少也略有耳闻。我先给大家介绍一下音频平台市场的整体概况。目前占据音频市场份额几乎80%的音频平台有四个,它们分别是喜马拉雅、蜻蜓FM、荔枝FM、企鹅FM。此外还有一些市场份额较小但方兴未艾的音频平台。接下来,我们逐个了解这八个平台的情况,以及它们主要推出的节目类型。看看哪一个赛道更符合你的需求。

## 1. 喜马拉雅

喜马拉雅是大家最为熟悉的音频平台，也是目前国内最大的音频平台。该平台的用户量庞大，内容非常丰富，有新闻资讯、相声、个人电台、有声小说、评书、儿童故事等，可谓包罗万象。其中最主要的侧重点是有声小说和有声书。此外，还有许多知名演员、歌手也在喜马拉雅开设了自己的个人频道。

因此，这个平台的竞争比较激烈，一个新人要想突围有一定难度，需要沉淀较长的时间。即使是喜马拉雅出台了扶持中小主播的政策，也还是对主播的节目质量、数量、粉丝和收听率有一定的要求，也就是大家常说的"需要较大的流量"。

如果你只是作为新主播练手，这个平台是比较适合的。但是，如果你的目标是在这个平台快速突围，还是比较困难的。

## 2. 蜻蜓FM

蜻蜓FM是国内最早的音频平台，是最早把全国以及全世界的广播节目集合在一起的音频平台，后面逐渐加入了其他板块。如此一来，大家在智能手机上也能听到全国各地的广播节目。我最早也是通过这个平台来收听广播节目的。

蜻蜓FM平台的用户量与活跃度不容小觑。据2020年的平台官方数据，蜻蜓FM每个月的活跃用户量多达1亿左右，每天日活跃用户在2 500万左右，认证的主播足足有35万。平台的音频内容覆盖文化、财经、科技、音乐、有声书等多种类型，同时还有很多文化界领域的知名人士开设的个人电台，以及优质的IP内容。

由于蜻蜓FM主打的是高品质内容导向，你可以把它理解为一个较为正统的音频平台。它在人文历史方面的内容相对其他平台更为突出。如果你是一位知识丰富，专业性比较强的主播，在这个平台会比较受欢迎，也有利于快速打开局面。

## 3. 荔枝FM

荔枝FM平台以UGC（用户原创内容）为主，也就是说平台的内容主要是由用户来生产的。荔枝FM结合音频社区运营方式，目前主要在音频直播板块发力。相比其他平台，荔枝FM更注重主播与用户的互动，以"帮助人们展现自己的声音才华"为自己的企业使命。

值得关注的是，这个平台上的90后、00后用户占比超过80%，主打情感、脱口秀、二次元、音乐等声音内容，而且平台对有潜力的主播扶持力度还是比较大的。所以，如果你给自己的定位是这些领域，而且面向的也是偏年轻化的目标用户，那么荔枝FM是你需要非常重视的一个发展平台。

### 4. 企鹅 FM

企鹅 FM 是腾讯公司在 2015 年推出的音频平台，拥有小说、音乐、笑话段子、新闻、娱乐八卦、情感故事、相声评书、亲子教育等音频节目，主打情感节目和有声小说。

因为有腾讯集团这个强大的后台，企鹅 FM 能够与腾讯旗下各大平台互通互联，比如企鹅 FM 与 QQ 音乐的联动，都能给我们的节目更多的曝光机会，所以流量还是非常可观的。考虑到这个平台主打情感线的节目，如果你擅长制作情感治愈类的内容，企鹅 FM 可以说是一个首选平台。

### 5. 考拉 FM

考拉 FM 目前改名为"听伴"，平台愿景是"陪伴每一个在路上的你"。这个平台算是在音频平台里的一个细分平台，对外宣传是一款主打车载音频的平台，旨在打造华人世界中最大的车载音频内容平台。主打节目有笑话、音乐、星座、相声、小说等，侧重人文综艺。如果你是有车一族，不仅可以做这个平台的用户，还可以考虑成为听伴上的主播，向大众分享你的原创音频内容。

### 6. 爱音斯坦 FM

爱音斯坦 FM 属于行业中的后起之秀。它在目前音频平台竞争非常激烈的情况下，还能脱颖而出，可见还是有不俗的实力的。比起前面几个平台，爱音斯坦 FM 是一个比较新的平台，节目有娱乐搞笑、情感治愈、文化干货等类型。新平台意味着有一些新的机会，对主播会有更多的扶持。你有兴趣也可以关注一下。

**7. 酷我音乐**

酷我音乐也是大家比较熟悉的一个优质的音乐平台，侧重音乐、情感和娱乐方面的内容。它的用户流量也十分可观。目前各大音乐平台包括酷我音乐、网易云音乐、QQ 音乐等，都设置了个人电台和主播频道，但这些音乐平台在变现上有一些先天的局限。

用户习惯了免费听歌，付费的意愿比较低，不太利于音频主播长期发展。不过，这一类平台的流量还是比较大的。如果你做的是与音乐相关的节目，可以选择在这个平台尝试一下。

**8. 微信公众号**

除了专业的音频、音乐平台之外，微信公众号也开始出现大量使用音频的现象。音频节目的大量出现，目的也是了解放用户的双眼。在我们平常的认知中，微信公众号就是用来写文章、发文章的。其实现在也涌现了很多以声音为卖点的公众号，而且他们做得相当成功，有十几万甚至上百万的粉丝。

例如"十点读书""一个人听""夜听"等公众号，也是很好的发展渠道。所以，当你磨炼出了好声音后，应聘这些平台的固定主播，也是一个不错的发展方向。

最后，我再额外说一个平台——主打有声小说的懒人听书。懒人听书平台功能其实并不算很强大，不过这款应用胜在界面简洁功能实在，并且操作异常简单，真的很适合广大"懒人"收听有声书节目（主要是有声小说）。如果你对有声书这个领域特别感兴趣，可以尝试一下。特别是立志做有声小说主播的朋友，不要错过这个平台。

## 四、本节小结

大家听完几个平台的介绍后，是不是已经跃跃欲试了呢？如果你也想成为一名音频主播，希望通过声音变现，或者想要收获大量的粉丝，现在你就可以动手操作了。

每个音频平台的注册步骤都大同小异，一通百通。一开始，我们可以多注册几个平台，因为各个平台的侧重不同，节目受欢迎的程度也各有不同。你只有多尝试，才能搞清楚哪个平台更适合自己，找到更多的机会。大家听完课就可以注册起来了。关于音频平台的变现方式，我们将在后面的章节中细说。

## 五、课后练习

学了本节内容，相信你对各个音频平台的亮点和内容侧重点有了一定的理解。请复习一下这些平台的亮点，并试着定位自己的内容，选择合适的平台。请你选择 2—3 个合适的音频平台进行主播注册。

# 第二节　选择自己擅长的变现渠道

> **内容提要** 🔊
> *1. 声音变现的四大方式；*
> *2. 每一种声音变现方式的具体情况。*

## 一、本节导入

在上一节，我为大家介绍了声音变现的八个新媒体音频平台，总结和分析了每个音频平台的大致情况与主打的节目类型。相信你现在对音频平台应该有了一些了解。

不过，在声音变现平台注册主播账号只是变现的第一步。接下来应该怎么做才能够变现呢？市场上有哪些主流的声音变现类型？他们的成功可以被我们复制吗？自己到底适不适合声音变现这条路径呢？我还需要做什么样的努力和准备呢？

对于这些问题，我们将在这一节逐一解开答案。接下来，我先给大家讲一讲不同音频市场的声音变现方式。

## 二、声音变现的方式

目前的整个音频市场还处于上升阶段，各大音频平台各领风骚。音频主播们也是各显神通，通过各种类型的音频节目获得了巨大的流量与可观的收益。其中，有些优秀音频节目的点击率甚至高达几千万到几十亿。这个令人望而生叹的数字，就是目前音频市场的真实情况。

经过分析对比，声音变现的方式主要分为新媒体音频市场、配音、直播和传统类用声场景四大类。下面先从新媒体音频市场中最受欢迎的节目类型说起。

### 1. 新媒体音频市场

就目前来看，新媒体音频平台市场最受欢迎、收入最可观的节目类型有四种，它们分别是有声小说、个人节目、专业知识与娱乐综艺。我来讲解一下这四类节目的具体情况，给大家提供一个参考。我们先从有声小说讲起。

（1）有声小说

以有声小说为主的有声书，在近年来越来越火爆。在上一节内容，我讲到喜马拉雅平台有位年入千万的主播"有声的紫襟"。他的节目类型就是有声小说。"有声的紫襟"最高收听率的有声小说《摸金天师》，截至撰稿前，点击率为53亿。

由此可见，你无法想象有多少人喜欢听有声小说。这块市场的用户规模真的非常大，而且用户黏性很高，利于深开发。因为大部分人听小说是为了放松和消遣，很少会半途而废或者只听一小段。只要是感兴趣的内容，通常都会一直听下去。如果用户一旦认可了某位主播，在听完这部作品之后，还会去追该主播的后续作品。

如果你想做有声小说，首先需要解决的问题是拿到作品版权。目前主要有两种常见的操作方式：

第一，音频平台把作品版权授予你，由你去录制有声小说音频；

第二，自己通过某些渠道拿到作品的版权，在录好音频之后与平台分成，或者直接卖给平台。

这两种操作方式的收益方式存在差异。如果采用第一种方式，就是由平台购买有声小说的版权，主播和平台签订录制合约，然后由平台和主播协商收入分成。如果采用第二种方式，在你拥有作品版权的情况下，录好节目后一口价再卖给平台。

但是，除非是非常好的作品，否则平台只会愿意和你分成，而不会一口价买断。

总之，有声小说主要是靠流量来获得收益和分成的。有的平台会按点击收听率的比例直接给主播收益。所以我们也不必太惊讶于优秀的有声小说主播为什么能够有如此高的收入。

当然，我个人认为，优质的有声小说作品对主播的要求还是非常高的。因为这需要主播用声音去演绎小说里的人物，有时候甚至是一个主播分饰几个角色。如果处理不当，听众会感觉很出戏。相比而言，从其他类型的书入门是一个不错的起步方式。当你的声音运用得更加成熟，节目收听率等数据良好的时候，就可以尝试与平台合作读有声小说了。

（2）个人节目

第二种热门内容是个人节目，包括个人电台、音乐、情感、讲故事、读诗词、亲子、母婴等类型。

个人节目的门槛会相对低一些，一般操作就是按照自己的兴趣来做节目，选定一个音频平台，然后保持节目的持续更新。你要注意提高节目的品质，这样才能得到较好的点击和收听的数据。

当你坚持了一段时间后，要是节目的数据不错，平台的小编就会主动跟你联系了。当然，如果你觉得自己完全准备好了，也可以主动去联系平台的工作人员。一旦与平台达成了合作，你就会有固定的收益了。收入的形式有月度、季度和年度工资，也有的人选择分成的形式。

个人节目的门槛低，但要做成精品很不容易。我们以讲故事型个人内容为例。首先你一定要了解这个故事。在你通读故事的时候，把你觉得精彩的地方记下来，读完后将所有精彩的地方拎出来，然后在中间加上必要的故事主线，将这些精彩点串联起来。然后你再把故事讲给你的亲戚朋友听。要是他们觉得你的故事很有趣并且没有逻辑问题，那就算成功了。

相信很多人都知道《凯叔讲故事》这个节目。凯叔原本是中央电视台的主持人，也做着自己的电视节目，拿着固定工资。后来，他因为每天给自己的女儿讲故事，索性开了一档讲故事的节目，就是《凯叔讲故事》。目前这档节目已经做到了儿童故事类的国内第一品牌。

很多人说他是无心插柳柳成荫。但其实，他能取得这个成就，跟他深厚的声音功底是分不开的。而且他讲的故事生动有趣，非常受孩子们的欢迎。他在讲故事时投入了自己和女儿之间的深厚亲情，正是这份爱与真诚打动了无数听众。

除了讲故事之外，蜻蜓FM、企鹅FM的一些情感类主播的节目收听率也非常高。一般来说，情感类主播的声音都比较温暖和治愈。从以上这些案例来看，我们应该学会发挥自己的优势，找到清晰的市场定位。这两点对于做好一档适合自己的节目是至关重要的。

（3）专业知识

专业知识的节目内容主要包括人文历史、财经、文化、心理。当然，以目前细分市场的需求来看，健身、写作、新媒体运营、个人品牌、英语等，也属于专业知识领域。这类节目不仅对节目制作要求比较高，对主播的文化素养要求也不低。

如果你在某个领域有一定的知识积淀，并且能够总结出一系列有说服力的专业知识或者经验之谈，那你就可以尝试制作专业知识类节目。

专业知识类节目的变现，最好是选定一个音频平台，与平台签订独家协议。具体收益方式可以跟平台协商，一般有工资和分成的两种形式，视个人能力大小而定。一般平台会以节目点击量、收听率来确定主播的收入标准。优质主播每年收入在10万元以上，普通主播在2万—8万元不等。

制作这类内容的要领就是把整块的知识拆解成碎片化的知识，然后再压缩成有趣、易懂、易学的知识点。因为大部分知识都是枯燥的。如果不能给枯燥的知识注入有趣的内容，那么听众就没什么理由要听你的专业节目了。

（4）娱乐综艺

德云社的系列相声、搞笑演员杨迪，都在音频市场分得了一杯羹。此外，也有许多"草根"脱口秀演员加入了音频节目的阵营，进一步扩大自己的知名度。娱乐综艺类的节目主要依靠平台的扶持与节目的流量来变现。

如果你天生幽默，喜欢给身边的人带去欢乐，那么娱乐综艺节目是你不错的选择。首先，你要选定合适的平台合作，保证节目的质量。其次，你要做出受广告主喜欢的娱乐类节目。当你的娱乐综艺内容做得足够有趣，就会产生可观的流量。最后，可以依托平台，寻找到节目赞助商或者冠名广告。这也是一笔不错的收益。

在以上四种节目类型中，我个人比较推荐第一类和第二类，也就是有声小说和个人节目，因为这两类节目门槛不高，任何一个能说好普通话的人都可以入门。只要你能做出有品质、数据好看的节目类型，就有机会与平台进行合作，从而获得稳定的声音变现收益。

## 2. 配音

配音也是一种非常常见的用声音获得收益的方式。配音的分类十分广泛，主要有广播剧配音、广告商业配音、影视剧配音、动漫配音和游戏解说等。优秀配音演员的报酬是按千元每秒来计算的，收入水平非常可观。

事实上，很多人都以配音为职业。例如我们熟知的影视剧和动漫，几乎都需要用后期配音为演员增色。如果你热衷追剧，天生戏精,并对剧中人物、台词如数家珍,那你可以在这个领域去做一些尝试。

比如动漫配音就是一个不错的努力方向。这几年国内动漫的发展势头很猛,涌现了不少动漫作品。动漫是必须要配音才能制作完成的,所以,市场对动漫配音的需求也越来越大。

除了动漫配音,还有一个大家可能不常听到的配音工作——游戏解说。以前的家长们都不允许自家的小孩儿玩游戏。但现在电竞行业已经被国家正式列为体育竞赛项目。电竞行业的发展也激发了大量游戏解说的配音需求。如果你热衷玩游戏,那你就可以通过做游戏解说来边玩边挣钱了。

作为商业配音,大家可以在微信、淘宝、QQ去搜索"配音""商配"等关键词,这里有大量的配音中介,在准备好自己样音(声音展示作品)之后,和对方建立联系,谋求合作接单。

### 3. 语音直播

视频直播行业在这几年非常火爆,甚至有全民直播的趋势。有许多网红就是通过视频直播创造了惊人的带货奇迹。其实语音直播也在暗暗发力。我们在上节内容也有提到,许多的音频平台都开设了语音直播,包括荔枝FM、喜马拉雅、蜻蜓FM等。其中,荔枝FM目前在大力扶持语音直播板块。

直播的收益主要来自主播在语音直播时的用户打赏。目前的语音直播主要是以情感解答、陪伴为主要的方向。

值得一提的还有知乎 Live。首先说一下知乎平台，它是 80后、90 后和 00 后所熟知的专业知识平台，主要是以文字的形式发布专业的内容与见解。知乎 Live 就是知乎的语音直播，以语音跟大家分享知识。知乎直播的收益也是以用户流量为标准。不过，需要注意的是，你必须先在知乎发表了一系列有见解的专业内容，达到了这个前提，平台才会同意你开设语音直播。

### 4.传统类的声音变现方式

最后，我们看一下传统类的声音变现方式。如果你的形象和声音都还不错，为人健谈且喜欢分享，你可以去尝试婚礼司仪这个副业。婚礼司仪在主持当中来说是比较简单的一类，台词也可反复用，只要声音好听就行。

婚礼司仪的收入大概在每场 800—2000 元不等。再进阶一点，就是活动司仪。不过活动司仪相对来说要求更高一些。如果你是非专业人士，可以从婚礼司仪开始做起。

以上就是声音变现的四大类方式。无论是新媒体音频平台，还是配音、语音直播和传统类的声音变现方式，都存在一定的门槛，但条条大道通罗马，只要找到门道和方法，就有让你用声音赚钱的机会。你要做的就是根据自己声音特征，选择适合自己的节目类型。

## 三、本节小结

在这一节,我们一起探索了声音变现的四大方式,它们分别是:第一,抓住新媒体音频变现市场,并为大家详细介绍了音频平台市场最受欢迎、收入最可观的节目类型;第二,通过配音实现声音变现的方式;第三,利用好目前各大平台大力扶持语音直播板块,实现声音赚钱;第四,了解传统声音变现形式,找到适合自己的赚钱方式。

## 四、课后练习

结合本节内容,分析一下自己的优势,列举出适合自己的声音变现类型,然后去选好的赛道上开发自己的原创声音节目。希望你能早日实现声音变现!

# 第三节 打造有自己特色的声音节目

> **内容提要** 🔊
>
> *1.* 分析自己的个人特点,找到自己的节目方向和定位;
> *2.* 打造有自己特色的声音节目,走上变现之路。

## 一、本节导入

在上一节，我们一起探讨了声音变现的四大方式，包括新媒体音频节目、配音、语音直播与传统类的声音变现方式。相信大家现在对声音变现的方式有了更多的认识，也对自己适合做什么样的节目类型有了初步判断。在这节课中，我们将进一步了解不同的声音变现之路。通过指导你分析自己的个人特点，帮助你打造有自己特色的节目，走上一条有的放矢的声音变现之路。

我们在前两节提到了如何进行平台的主播注册。我们开展声音变现的第一步是拥有自己的主播平台。第二步就是在声音变现的领域要找准方向和定位。这一步是我在大家探索声音变现过程中能够提供的最大帮助，也非常关键的一步，只有先做好个人节目的市场定位，再开始研发你的音频节目，才能让你在声音变现的过程中少走弯路。

## 二、找到自己的节目方向和市场定位

有人经常问我这样的问题："老师，我想运营自己的音频节目，但还是不能确定方向，我到底该怎么办呢？"其实，你不必太担忧，因为每个人在踏入一个新行业的时候，都会产生很多疑问，也必然要经历一段摸索时期。

运营音频节目不是一个轻松的工作，写节目文稿、找资源、录节目，所有的工作都要自己完成。除了做好这些工作之外，还要想办法让更多人听到你的节目。所以这件事急不得，大家需要先打好声音基础，沉下心来去做准备工作，再去考虑如何挖掘自我特色的问题。任何事情当你多次重复去做的时候，你就会发现你已经成了这方面的专家了。

为了帮助大家找到自己的方向与定位，我总结了以下四个方法。我们来逐个了解，希望能够给你带来启发。

## 方法一：从兴趣爱好出发

按自己的兴趣爱好找到合适的节目类型，是最容易上手的一种方法。人们常说"做自己喜欢的"。你做自己真正感兴趣的节目时，会觉得享受其中，不需要别人督促就能热情满满地钻研它。对于你不感兴趣的节目，那可真的是度秒如年啊！所以，你首先要区别自己的兴趣分类。

在这里，我用一个简单的办法来帮你寻找自己的兴趣点。

请听我说，市场上的主流节目类型包括有声小说、情感治愈、知识技能、脱口秀、人文历史、音乐、影视剧配音、动漫配音等。好了，我们现在闭上眼睛，默默回想一下刚才听到的节目类型。现在请思考这个问题——如果某音频平台邀请你做一档节目，你最想做什么样的节目？

你想到了吗？你脑海中第一时间闪现的节目类型，就是你的兴趣点所在。通过这一步，大部人已经找到了方向。接下来，你只要跟着自己的梦想走，就像我们课程开头说的那样——为梦想发声！

**方法二：从生活中去发掘**

如果刚才的兴趣分类还没有帮助你找到方向，那你可以换一种方法，比如，就从你的日常生活中去发掘。因为你的日常生活中必然有你最感兴趣或者最擅长的事，那个就是你可以发掘的点。

假如你是一个资深的小说迷，对各类小说如数家珍，那就可以从有声书、有声小说入手制作节目。

假如你喜欢研读人文历史，对古往今来的文化有着浓厚的兴趣，那就可以尝试研发文史类的节目内容。

假如你在生活中是一位知心大姐或热心大哥，喜欢为人答疑解惑，声音也比较温和，那就可以尝试情感类的语音直播，或者制作情感类音频节目。

假如你喜欢音乐，听过无数首歌曲且有一定的音乐鉴赏能力，并在这个领域有不断探索的意愿，那你可以尝试去当一名音乐主播。

甚至，如果你爱好烹饪，对怎样购买食材以及各种食物的烹饪方法都了如指掌，完全可以去做一档烹饪或美食节目。在当前新冠肺炎疫情的影响下，越来越多的人选择居家做饭，所以成为美食类节目主播也是一个不错的选择。

这些仅是举例，还有很多我没有说到的生活方面的兴趣领域，需要你自己去挖掘和思考。因为最清楚你的喜好和意愿的人永远是你自己。

当然，在这些生活兴趣中，我们可能目前只是喜好，并没有深度去了解和总结，知识、技能、经验积累也不太够，导致你对做这类节目有一定的畏难情绪。其实也不要把这件事想得太难，这只是一个主动学习的过程。

以音乐为例，大部分人平时只是听歌，并没有关注音乐的风格或者歌曲背后的故事，对此类知识积累得不够，内容撑不起一档节目。因此，我们在做节目前，要丰富自己的兴趣，让自己的兴趣不仅停留在表面，还要对它有更全面、更深入、更系统的认识，这样才能够做出优质的内容。

### 方法三：从自己的职业入手

除了前两种方法，你还可以从自己从事的职业入手，发挥自己的职业专长来打造节目。比如，我们在音频平台经常能看到一些大学老师开设自己的教育节目，讲一讲多年的教育心得，也有早教老师分享幼儿教育的心得。

如果你从事保险、理财的行业，也可以做一档财富管理的节目，分享你的理财心得，这些内容也是很接地气的。还有一些做微商的朋友，也可以通过音频，让其他人更了解你的产品。职业性较强的节目对内容有一些专业要求。一般来说，还是要有一些实实在在的干货才行。如果你的专业程度不够，就很难避免节目被市场淘汰的命运。

**方法四：立足于自己的声音特点**

通过自己的声音特点来找到适合的节目类型，也是一个好办法。受欢迎的主播都有动听的声音。有一些节目，比如专业知识类，尽管对主播声音的要求没有那么高，但毫不夸张地说，普通话标准，没有乡音，发音清楚，是做主播最基础的条件。

声音的课程需要时间去练习和沉淀，但大部分人都会选择捷径，还没练好声音，就急着想用声音去变现。如果你真的想通过声音变现，就要认真练好自己的声音，改掉一些明显的声音缺点。通过声音训练，我们能够寻找到自己声音的最佳状态，也能够在训练过程中，发掘自己的声音特点。

这也是为什么我们前面的内容都花在声音的系统训练上。练好声音就是在为你做主播打下基础。

虽然好的声音可以驾驭不同类型的音频节目，但从个人与节目的定位来看，选择适合自己声音的节目你会更受欢迎。因为每个人的声音特点存在差异，有的适合这类节目，有的适合那类节目，关键在于能否找到适合的类型。

我们要辨别自己的声音属于哪种类型。如果很多人说你的声音很温柔，那你可以尝试情感类节目，或者读文摘，还可以选择语音直播，因为温柔的声音最能抚慰人们的心灵。如果你的声音比较活泼多变，可以尝试一下讲故事。因为讲故事的主播要用不同的声音来演绎不同的角色，多变的声音刚好合适。

以上说到的这四个方法，只是为你提供参考，帮助你扩宽视野。你不要让它局限自己想探索的节目类型。总之，你应该厘清自己的思路，找到自己真正的兴趣点，在课程的引导下确定你的节目方向。

## 三、如何快速在音频平台赚到钱

看到这里，估计有的朋友要说："我可能没有耐心去打造主播平台，我想马上就能挣到钱，应该怎么做？"

办法是有的，但未必每个人都能成功。毕竟，这个世界上能成功的人是少数。坚定去做一件事情从而得到收益叫努力。但你想立刻就能得到收益，那需要足够优秀的天赋加上令人羡慕的好运气。那我们就来说一说，如何用比较快速的方式在这个大平台挣到钱。接下来的方法只能让你加快积累的速度，而不意味着你要放弃踏踏实实的努力。

**1. 参加喜马拉雅平台的各类活动**

前面我们多次提到喜马拉雅平台，喜马拉雅平台对新主播的开放性很好，经常有很多读书活动。新手可以参加各种类型的活动，获得更多的学习途径，让自己更快地成长起来。

比如说，喜马拉雅平台推出的"世界读书日""寻找阅读传承人""王牌讲书人"等活动，你可以在注册后去参加录制的海选，多录制节目，多参加活动，增长人气，提升成功机率。如果获得平台认可，平台会给你版权，有偿地录制节目。你在听完我们的声音训练课程后就可以去平台查看并大胆尝试了。

**2. 加入平台的主播群**

这个途径只针对一些有经验和积累的主播。如果你的节目已经有了一些播放量，那可以联系平台进入主播群，然后联系小编，谈节目的独家合作，把节目卖给平台，也可以拿到一笔稳定的收入。

以上就是我总结的两个比较快速的声音变现方式了。假如你的积累还不够，节目没多少人看，就先从第一个方法开始吧。

## 四、做好节目的四个要点

有不少朋友留言对我说："听完你的课程就能赚到钱吗？"

在这里，我要说明一下：变现部分的课程主要是带领大家了解声音变现的行业和平台，以及帮助大家找到自己的方向，来为大家节省一些时间。

如果你原来就在这个领域做过尝试了，可是一直觉得找不到方向，那么我在这里提供的方法，可以让你降低试错成本。如果说你从来没有接触过这一行，那还是要花时间去尝试和验证的。我们想要在音频市场取得成绩，需要做到以下几点。

第一，你要对声音行业有足够的热忱。如果你不太喜欢这个行业，是难以坚持下去的。因为这是一个完全自主的事情，没有任何人推动你。相反，如果你对这个行业充满热爱，那么心态是完全不同的，也更容易做出成绩来。

第二，踏入行业之前，找准自己的声音变现方向，做好自己的事业发展规划。比如，你准备在哪些平台做主播？做什么样的节目类型？你的节目准备做多少期？每天能投入多少时间与精力？入行之前，先问问自己这些问题。

第三，终身学习。无论你做哪一个节目类型，除了配音之外，最重要的还是节目内容，只有不断充实自己的知识，才能有源源不断的优质内容输出。

第四，贵在坚持。三分钟热度、随机性太强、没有规划，或者尝试了一下，觉得数据不好就不做了，这些都会让你的声音变现之路输在起跑线上。

## 五、本节小结

在这一节，我介绍了寻找自己节目方向和市场定位的四种方法，可以帮你打造出有自己特色的节目。还介绍了两个快速在音频平台赚到钱的方法，让你能在入行后实现较快的成长。

## 六、课后练习

第一，判断你的声音类型。

第二，将你想要做的节目类型列出来。

# 第四节　手把手教你新媒体音频制作

> **内容提要** 🔊
> 1. 制作音频节目常用的各种设备；
> 2. 制作音频节目的注意事项。

## 一、本节导入

在前几节中，我们一起探索了声音变现的行业情况，认识了八个主要的音频平台，也了解到不同的声音变现方式，以及如何通过不同的方法找到适合自己的声音变现方式与个人市场定位。

今天这节课,我们就来学习如何录制与制作自己的音频节目,开启你的节目录制生涯。我将为大家讲解,如何制作新媒体音频,以及在制作节目过程中的注意事项。

## 二、音频的制作设备

有朋友曾经留言问我:"老师,你用的什么品牌的话筒呀?可以给我们推荐一些好用的设备吗?"由此可见,大家很关心专业声音人士在录制节目的时候使用什么样的设备。

对于新手主播来说,有三个问题是比较关键的。

- 如何选择和购买录音设备?
- 如何才能制作出优质的音频节目?
- 除了设备之外,制作一个好节目还有哪些需要注意的地方呢?

接下来,我要分享一下自己做主持人和自媒体运营的经验,希望能给大家带来一些启发。

电视台的节目制作分工十分明确,主持人负责口播,编导负责节目内容,后期负责节目制作,所以我只负责节目口播的工作。后来我转向新媒体市场,开始运营自媒体的时候,我要做的工作就不仅是口播,还要负责做节目内容与音频制作。

经过一路的学习和摸索,我总结出一个经验:一个好的音频制作,包括人声、环境、设备这三个要素。那它们孰轻孰重呢?

根据我的经验,一个足够好的声音或足够吸引听众的内容,比环境和设备重要多了。既然声音和内容更重要,那是不是不用买设备呢,或者只需要买一些简单的设备呢?作为主播界的小白有必要买一个专业的话筒吗?

老话说得好,工欲善其事必先利其器。虽然声音和内容很重要,但设备也是对制作一个好节目不可或缺的。接下来,我将以零基础、进阶、熟练这三个新手主播的需求为前提,为大家推荐一些适用于不同阶段的音频制作的设备。

**1. 零基础**

零基础的新手主播就是从来没有录制过节目的朋友。我建议他们从手机录制开始学习制作节目。

许多的音频平台都有手机端的录制功能,这些平台的手机端录制界面可以说是"麻雀虽小,五脏俱全"。里面的背景音乐、音效和简单的剪辑功能使用起来都非常方便。你只需要在录制节目前拿出事先准备好的节目文稿,就可以用手机录制了。

如果你是在家里或者卧室录制音频,环境不太好,肯定多多少少会有杂音。解决办法也不复杂。你可以选择一天中安静的时段进行录音,或者在网上买一些隔音棉装在房间,来改善录音时的环境。这样你就能录制一个比较清晰、没有杂音的音频节目了。

## 2. 进阶

当你使用手机录音一段时间后,已经可以熟练地操作你的主播平台了。我相信你在录制了几期节目后,会对当前节目的音质感到不满足,希望能将节目制作得更好一些。这意味着我们应该告别音频平台的手机端录制界面,进入录制音频的阶段了。

在进阶阶段,我推荐大家购买连接手机的主播话筒。这种话筒你可以在淘宝网买到,网上能看到非常多的品牌,市场价格也是各不相同,但品牌质量还是有保证的,音质比较好。我在这里给大家推荐两个品牌——联想和纽曼。这两家的设备市场价格在200—600元。此外,你在购买的时候最好是到专卖店或规模大一些的店购买,这样就会更加有保障。

这个设备虽然不是专业级别的话筒,但它有降噪的功能。即使你录音时的周围环境有一些噪音,也不容易被收录到音频中。完全可以满足一个进阶主播的制作需求了。

## 3. 熟练

当你成为熟手的时候，对自己的作品要求会越来越高。对于一个优质的音频节目来说，精良的设备是必不可少的。特别是当有一些朋友已经录制了自己节目专辑，有了一定的制作经验，提升自己节目品质的希望就在于更换更专业的设备。我们就可以入手一些较为专业的设备。一套入门级的专业配置一般包括三大件：电脑、声卡和话筒。

首先，制作音频节目对电脑的性能没有什么特别要求。一般来说，市面上的主流电脑品牌都具备制作音频的功能。区别可能在于操作系统的不同，有的是 Windows 系统，有的是苹果的 iOS 系统。

其次，声卡是专业设备中最重要的一环。我们知道一款好的声卡，基本就占用录音设备预算的一半了，可见声卡的重要性。市面上的声卡也有很多品牌，有内置声卡、USB 声卡，也有为大家配置好的一体声卡套装。在这里，我给大家推荐的是雅马哈声卡，其产品市场价格在 800—1 100 元。它还可以连接 iPad 来调节参数和细节。

最后，说一说麦克风。麦克风设备的品质决定了录音质量的好坏。好设备与差设备的性能差距很悬殊。麦克风有动圈麦克风和电容麦克风两种，其中电容麦克风有较高的灵敏度，所以专业录音棚一般使用电容麦克风来录音和制作节目。

但是，如果你的录音环境比较差，没有很好的隔音效果，用电容麦克风也会收录一些背景的杂音。所以，当你找不到理想的录音环境时，使用动圈麦克风会更加适合。

再来说说麦克风的品牌。麦克风的品牌也有很多，比如我们耳熟能详的罗德、铁三角、AKG（中文商标：爱科技）、Blue 等，产品的品质也是鱼龙混杂。我们只选择其中的几种介绍。

如果你打开淘宝网，能看到各种各样的麦克风，有些便宜到吓人。但是，我还是推荐大家购买在业界有品牌知名度和口碑的麦克风。因为品牌麦克风的质量过硬，售后也有保障。

在这里，我推荐 Blue 这个品牌的麦克风。它用的是电容话筒，有一系列不同型号的麦克风，比如 Blue 雪怪、Blue 红莓等产品，都有不同的性能优势，市场价格在 1 200—2 000 元。我个人比较推荐 Blue 雪怪，这款话筒的优势是内置声卡和电脑的连接配置特别简单，即插即用，录音的音质完全符合电台里的播出标准。

此外，我们还要挑选一款监听耳机。监听耳机的作用是在录音过程中边录边听音频的声音。如果你要选择品牌的话，我个人推荐 AKG。不过，手机自带耳机的效果其实也不错。

在专业设备里，好设备价格从几万元到几十万元不等。此外，好设备对环境的要求比较高，那么差一点的设备对环境的要求一般则不高，相对比较通用。所以说，设备也不是越贵越好，适合你当前的音频制作需求才是最重要的。

## 三、节目制作的注意事项

在了解完制作设备之后，我们再来关注一下节目制作的一些重要事项。主要是录制阶段与后期制作阶段要注意的问题。

**1. 录制**

我们前面用了整整三章的课程教大家怎样练就自己的好声音。不知道大家有没有去认真学习呢？如果你在录节目的时候，发现自己的声音还是有问题，那肯定是由以下两个原因引起的。

·发音方法错误

·发音状态不对

想要纠正一个人的普通话发音，光靠听是没有用的，必须要在自己有问题的字音上花时间练习，而且是大量的反复练习。最好用的办法就是反复听自己的录音，然后找问题。大家千万不要不好意思听自己的声音。如果你不听，是无法准确找到自己的发音问题的。勇敢地面对自己的不足，每一次录音都比上一次更进一步，才能让你真正脱胎换骨。

另外，在录音的时候，大家要注意不要离话筒太近。因为当你离话筒太近的时候，你的呼吸声会很明显，这种杂音会破坏听众的体验。如果你想让声音变得洪亮，请回到前面的气息练习课程，再从让自己的声音更有气息开始好好练习。

## 2. 后期制作

大家录制完的音频不是最终成品，还需要经过后期制作来做进一步的完善。除了音频平台手机端的录制界面之外，我们采用其他设备录制节目时都离不开后期制作。经过后期制作的节目才是一个优质的成品。

为此，我们讲一讲音频录制需要用的软件。我向大家推荐两款音频制作软件：一款是 Adobe Audition，简称 Au；另一款是 Adobe Premiere Pro，简称 Pr。

这两款音频制作软件都是出自同一个公司。这个公司非常厉害，除了这两款软件之外，他们还开发了一系列非常受欢迎的电脑软件，比如我们熟知的 Photoshop。

Au 软件是所有电台主持、后期制作人员最常用的一款音频制作软件。Pr 软件其实是一款音视频软件，也就是说除了音频之外，它还可以制作视频。这两款软件我都操作过，因为出自同一个公司，所以在性能上有一些互通的地方。

这两款音频制作软件看着特别高大上，有密密麻麻的按键与模块，刚开始接触时可能会让你产生畏难情绪。其实我们只需要了解几个基本的功能，就完全可以制作出一个不错的音频。至于其他更高级的功能，在音频制作中运用得比较少。如果你有兴趣可以在以后的制作过程中慢慢摸索。到那时候，你会发现做一个节目的后期真的没有你想的那么难。

那如何学习使用这两款软件呢？我给大家推荐一个网站（当然是免费教学），它的名字叫 doyoudo，在百度搜索就能找到它的官网。它做了非常多的软件教程。大家只要找到音频，找到 Adobe Audition 的和 Adobe Premiere Pro 的相关教程，然后就可以点击进行一些入门的学习了。

我原本也不是做后期的工作人员，而是主持人。我在学校里学的后期技术早就忘干净了，而且遇到了软件的迭代问题。在最初做后期制作的时候，我一度也感到很迷茫，担心自己不会做怎么办。

那时候也没有人教我，我就自己在网上看 doyoudo 的教学视频。这对我的帮助真的很大，是它让我真正明白了一些操作技巧。其实想做单纯的后期不难，难的是你能不能用心地去学习。

## 四、本节小结

在这一节，我主要给大家介绍了制作音频节目常用的各种设备，并根据零基础、进阶、熟练三个不同的层次推荐了合适的设备品牌。此外，我们还介绍了制作音频节目的注意事项，主要包括录制和后期制作两个环节的一些要点。你记住了吗?

### 五、课后练习

在学会后期制作后,尝试制作一个听起来相当专业的音频节目。

这个课后练习不会耽误你太多的时间。朋友们,大胆去做吧!下载好软件,导入声音,来制作你人生的第一个音频节目吧!最后,我希望大家通过不断的学习和练习,在一次次实践当中找到最适合自己的方法,制作出属于自己独一无二的好作品。加油!

## 第五节 洞察先机,把握声音市场的风口

> **内容提要** 🔊
> 1. 为什么要找风口,而不是盲目跟风;
> 2. 怎样寻找声音变现市场的风口。

### 一、本节导入

上节课,我给大家介绍了制作音频节目常用的各种设备,

以及在音频节目的录制和后期制作环节有哪些要注意的地方。首先恭喜每一位认真做课后作业的同学，踏入了声音变现这个行业。想必大家经过前面的学习，应该掌握了不少关于声音的专业知识，声音水平有所改善，并找到了自己的个人定位以及想做的节目内容。

如今的有声书、有声小说等音频节目可谓朝气蓬勃，已经可以称之为"行业"了，但在几年前，我们将这些称作"风口"。营销语境下的"风口"是什么？是市场趋势，是商业先机，更是发展红利。

所以这节课，我想和你谈谈声音变现的未来在哪里，以及我们应该怎样凭借声音变现的能力进入下一个市场风口。

首先，我会跟大家聊一聊我的亲身经历，复盘一下我踩中声音行业两个风口的经过。着重分析我在这个过程中是怎么想的，又是怎么做的。其次，我会探讨三个寻找风口的思路，教大家如何捕捉风口。最后，我想和你一起展望声音变现行业未来的风口可能会发生在哪些领域。

## 二、我为什么能捕捉声音市场的风口

我们为什么要寻找风口，而不是盲目跟风或安于当下？

在回答这个问题之前，我们首先应该思考什么才是真正的铁饭碗？

我身边曾经有三个朋友,他们在大学毕业后踏上了不同的道路。一个去了报社,一个去了电台,一个在北京的一家融媒体公司打拼。几年之后,他们的命运发生了微妙的变化。

当初三个人都怀有媒体理想,只是选择的方向不同,实现理想的方式不同。报社和电台是事业单位,在当时看是个旱涝保收的铁饭碗,而融媒体在当时还只是一个新兴行业,收入不稳定,当时也看不到有多少前景。

但在 10 年后的今天,有些报社早已在新媒体的冲击下走向衰落,关的关,停的停;电台也受到网络音频平台的猛烈冲击,生存空间日渐萎缩。现在有些传统电台主播的收入甚至还停留在十几年前的水平;而融媒体公司打破了媒介传播的界限,运营方式更加市场化,内容也根据受众需求的变化而变化。我那位进入融媒体公司打拼的朋友如今已经成了行业大咖,在北京买了好几套房。

表面上看,三个人的前途都是由他们所选的行业兴衰所决定的,但当我们换一个角度来看就会发现,三个人的人生观已经决定了他们未来的路。

有的人安于现状,喜欢按部就班,命运自然就完全地与行业的形势挂钩;有的人拥抱变化,乐于学习新事物,能力会不断进步,因此也能获得更多新的发展机会。前者是求稳思维,后者是成长思维。一旦出现市场红利,自然是拥有成长思维的人最容易抓到先机。市场永远会把最丰厚的利润奖励给先知先觉的先行者。

所以说,对于我们普通人而言,真正的铁饭碗从来不是一个固定的岗位,而是不断学习的能力和不断实践的勇气,否则你永远不可能抓住任何风口。我当初踩到了行业的两个风口,也不是靠灵机一动,而是依靠成长思维与大胆探索。

2001年,我考入江西人民广播电台。那时我才大一,与很多刚入社会的年轻人一样,每天不是上课、工作,就是各种玩儿,当时的我也会试图赚钱养活自己,从大二开始自己挣学费和生活费。

那是一个互联网刚刚兴起的年代,各种论坛、贴吧、聊天软件成了年轻人扎堆的地方。有一次,我在论坛上认识了一个叫"朵拉"的小伙伴,她也是一个配音爱好者。我们在网上交流配音技巧,也会把自己的样音发给对方听。

当时的她已经开始做配音中介的业务,我也发现把声音直接传送给客户,远比让客户自己搭个棚子再协调时间请配音员来公司配音更有效率。于是我开始尝试让现有的线下客户逐渐养成和我进行线上合作的习惯。

不知不觉中,中国的配音市场经历了一次线下大清洗。很多配音员只会线下配音,而不具备在线上找客户的能力。他们在市场中越来越被动,渐渐地接不到单了。

与此同时，由于互联网的普及，越来越多的影视公司也习惯于通过论坛、QQ来寻找配音员，以满足日益增长的配音需求。我当时只是有模糊的意识，却幸运地踩中了这次线下转线上的风口，让自己的接单效率有了大幅度的提升。

当下一次风口出现时，我已经有意识地分析和捕捉了机遇。我先是洞察到了潜在的风口，然后就围绕着这个机会全力以赴。这个风口就是抖音。

刚开始，我和大家一样，没有把抖音当作一个风口。我第一次听说抖音是在2017年。当时身边只有极少数的朋友在玩抖音，所以我对抖音还没真正重视起来，直到2018年。那时候，我已经开始尝试打造自己的个人品牌，目的是通过内容的生产和输出来获得粉丝，进而实现更大价值。

在这个过程中，我逐渐意识到自己身边玩短视频的人越来越多了。当时的舆论对短视频褒贬不一，争议很大。但我觉得通过视频进行内容传播是一种效率更高的方式。面对内容相同的一段文字和一段视频，大家肯定更愿意看视频，而不是花时间和脑力去看文字。于是在2018年底我把工作之外的全部精力投入到短视频运营上。

你可能无法想象，我当初开始做抖音的时候，三条十几秒的视频录了整整一个通宵，因为我当时毫无制作短视频的经验，就想各种尝试把视频做好。在做抖音的过程中，我拒绝了很多诱惑，坚持只做与播音主持教学有关的内容。渐渐的，我成了这个垂直领域的头部账号，并且获得了抖音官方颁发的"抖音知识创作者年度大奖"。

再后来，更多的平台和机构看到了我的品牌，如百度、微博、磨铁图书公司等都在约我创作内容。现在大家看到的这本书也是缘起于此。一切都是因为我在短视频这个风口进行品牌运作的结果。

## 三、寻找风口的三种思路

我出这门声音变现课，就是为了让大家像我一样能把握住声音市场的风口，变现出更多价值来。根据我多年总结的经验，寻找风口的三种思路分别是技术、流量、效率。

**思路一：技术**

技术的重要性无人不知无人不晓，但这里隐藏着一个坑。有时候，大家热议的技术不一定是当下社会的风口，更不值得普通人全力投入。

比如，"共享"概念在20世纪就产生了，但当时社会的硬件不够完备，因此无法诞生类似共享单车这种行业。直到移动互联网和移动支付的发展成熟，才让共享经济实现爆发增长。再比如，3D打印这个技术概念在五六年前炒得特别热。如果当年缺乏财力和设备的普通人要是一心扑在3D这个所谓的风口上，大概率不会有什么收益。

所以，我们该如何通过技术发展来找到风口呢？其实风口也是有规律的，存在一个技术周期。一般而言，一项技术的发展会经历以下阶段：

阶段一：概念的诞生

阶段二：概念的热议

阶段三：炒作的降温

阶段四：概念转化生产力后的缓慢增长

阶段五：作为新生事物进入我们的生活

阶段六：被更多人所知和所用

普通人最明智的做法是在阶段五进入相关领域。你发现一种开始进入了大家的生活当中的新技术。这个趋势初露头角的时候，往往就会产生大量风口，出现许多意想不到的机会。

也许有的朋友会心存疑虑，短视频看起来已经红得发紫，是不是已经没什么风口了呢？我认为未必如此。短视频不仅重新解构了我们的生活，也重新塑造了很多行业。从根本上来说，它改变了人与人之间的关系，还改变了生产要素之间的关系。这个发展进程还处于初期，所以这个市场仍然有大量潜在的行业风口。

**思路二：流量**

你可以把流量理解为人或者用户。比如我踩上第一个风口，一个重要原因就是，那时候大家开始愿意在线上合作了。当你的客户都去了QQ，那行业机会一定涌向了QQ。换句话说，人们涌向的地方，就是风口产生的地方。比如大家都在看的抖音、快手，比如二次元们喜欢的哔哩哔哩（B站），比如大家学习选择的音频平台。我们要做的就是观察大家的去向，并在大多数人到达之前占领那里。先人一步，风口遍地，这就是流量的根本法则。

**思路三：效率**

当一种金钱成本和时间成本更低但收益更大的工作方式出现时，也就是行业风口诞生的时候。关于这一点，更需要我们结合前两个思路进行判断。因为效率的天花板，往往是技术的突破。比如，QQ的出现大大降低了沟通成本、文件传输成本、配音时间成本，于是线上配音效率的提升替代了线下的大部分市场机会。

所以，当一项新技术或者新生事物开始进入大众的生活，当越来越多的人开始采用这项技术，而且这项技术大大降低了某些行业的成本或者大大提高了行业效率，那就是一批岗位消失，另一批风口岗位诞生的转折点。

最后我想和大家一起畅想一下，按照刚才说的三种思路，当下和未来的风口可能会出现在何方。

当下的风口：短视频 IP 仍然处于蓬勃发展的态势，行业 IP 的发展也会深刻影响行业的变革。

下一阶段的风口：跨越短视频、微信、微博等综合 IP 在不断壮大，会形成一个个拥有社群标签的群体，而这些群体中又会诞生新的业态。从现在起，你可以自己开始慢慢做自己的 IP，也可以让自己融入这个群体，通过为 IP 提供服务来获得风口的机会。

在不久的将来，虚拟现实可能会取代短视频，形成下一个深刻改变我们生活的各个领域的风口。而在遥远的未来，基于 5G、基因工程、生物医学、人工智能、大数据、云计算、新材料、脑机接口等科技的全面发展，人的记忆、情绪、感受，包括视觉、听觉、味觉等都可以形成一组数据。

这组数据里有你的喜怒哀乐，有你的亲戚朋友，有你的理想抱负，有你的酸甜苦辣，它可以超出你的肉体而永恒存在，它也可以重新选择一个躯壳把自己安放。于是，你是谁，人是什么，都将发生改变。

我所描述的未来，也许在我们的有生之年就可以实现。但到了那时，之后的风口又在哪里？我希望我仍然有机会和你讨论。

## 四、本节小结

在这一节,我为大家分析了为什么不能盲目跟风而要找风口。我还给大家分享了自己的亲身经历,复盘了我踩中声音行业的两个风口的过程。接下来,我们又分析了寻找风口的三个思路,以及该如何捕捉风口的办法。最后,我和你一起展望了未来的风口可能会发生在哪些领域。

## 五、课后练习

既然现在你的脑洞已经打开了,你也不妨顺便畅想一下,未来的风口会在哪里。

# 附录1 声音价值——带货主播产品话术七步法

在全书即将收尾之际，相信很多读者已经开始进行自己的声音创作或选定了某个声音变现的赛道，其中一定不乏想做直播带货的人。为了给这部分读者提供进一步的学习材料，我请教了播媒集团副总裁、点金手运营总监七七（张铭薇女士）。在她的协助下，我为大家整理出了"带货主播产品话术七步法"。

附图1-1　点金手MCN运营总监张铭薇（七七）老师

这套方法对所有产品的直播带货都有用。如果大家能认真阅读和学习它，就能举一反三，在直播间更好地展示自己的声音形象，卖出自己的产品。

## 带货主播产品话术七步法

我发现一个有趣的现象：很多线下的销售冠军一到直播间

就哑火，反倒是一些不太懂产品的主播销售业绩不错。那么问题来了，他们把该介绍的产品特色都介绍了，为什么产品还是卖不出去呢？这里面隐藏着不少营销心理学的道理。

在直播间里卖货，充分了解产品是基础，更重要的是了解直播间里的用户在想什么。

成交的基石是信任，不论用户到线下门店，还是来淘宝、天猫、京东、拼多多等传统电商平台，都只会买自己信任的产品。要么是他本身就了解和信任我们的东西，要么是他点进这个网页后对这个东西产生了一定的兴趣。

但是，直播间的情况有所不同。用户可能是刷完一个舞蹈视频后无意中看到我们的，也可能是在懵懂状态下进到直播间来的。在这些情况下，我们不能只是像念产品说明书一样进行产品介绍，这样完全吸引不了用户。

我给大家分享一个公式——产品介绍七步法。

我们在深耕抖音电商差不多三年后发现，这个公式对于增加在线人数或提升转化率都非常有帮助。大体上，包括声音产品在内的所有产品都可以参照产品介绍七步法进行推介。如果你学会了这一套流程，你的声音品牌形象就会更有吸引力，你的用户就会感觉获得了更多的价值。产品介绍七步法公式如附图1-2所示：

# 附录1 声音价值——带货主播产品话术七步法

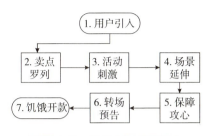

附图1-2 带货主播产品话术

接下来,我们逐一拆解这七个步骤。

## 第一步:用户引入

如果我一上来就跟你说"来,我们来看一个产品",你可能会很抗拒。因为一般人心里会想"我凭什么要听你介绍产品",这是人之常情。正确的做法是先让用户对我们充满好奇心,让对方想去主动了解产品。这个时候,我们再跟他介绍自己的声音产品,他才能听得下去。

引入环节是必不可少的,用好以下四种招法就能很好地达成引入的目标。

### 第一招:销量引入

相信看过直播的读者都对"直播间的羊群效应"深有体会。当所有人都说想要的时候,用户也会觉得这个东西好像看起来还不错。底层用户的常见心理是,买到不如抢到,抢到不如抢不到。

举例:"上架三天爆卖3 000单的老粉心头爱,之前已经断货半个多月了,昨天晚上刚刚到,我马上给大家做上链接了。"

听完了这句话,用户就会很好奇,想看一看是什么样的产品这么牛,卖得这么快,而且还断货。

**第二招:福利引入**

毫无疑问,能够体现福利的直播间最容易让用户长时间停留。享受福利是用户最主要的心理需求。为什么工厂型的直播间能够长久不衰?因为它为消费者打造出一个不用描述也能充分感受到的错觉——工厂直接卖货到他家,没有中间商赚差价!我们顺应这样的用户心理来引入产品,就掌握了福利引入的流量密码。

举例:"来我们直播间已经上到100人了,来我们家点赞的小伙伴太给力了,已经点到2万赞了,必须给你们炸一波咱们的宠粉款。"

**第三招:互动引入**

直播带货和曾经的电视购物很大的一个差别是实时反馈。实时反馈能够拉动用户心智,充分影响你的决策。在电视购物中有个必备的环节是,主持人接到场外来下单的或者来询单的电话。这个策略就是通过其他消费者的决策来影响你。可见互动反馈对于潜在用户的干预效果。

举例:"我们直播间里面,男同学扣1,女同学扣2,哪个同学扣的多,我就给你们上哪个的福利。"

"来,应届生扣1,毕业生扣2。"

互动引入的好处是用户会参与感强,接下来的产品和他关联感也会更强,用户会觉得是靠他自己争取来的。即使这就是你本身的产品流程。

**第四招:痛点引入**

相信大家都听到过这样的话术,"有没有胯宽、腿粗、肚子大的宝贝?"大家听到这可以带入进来感受一下。你听到这句话的时候,觉得痛不痛?

痛又不痛!我确实胯宽腿粗肚子大,但是你没有完全给我一个扎心的感觉,你只描绘了一个客观事实而已。没有用到形容词去把它形容出来,让我能感知到多痛。

事实上,并不是所有产品都适合用"痛点引入"方式。视觉型的产品,比如说服装饰品、鞋子包包,所见即所得,一眼看到产品就知道喜不喜欢,不适合做痛点引入。但是功效型的产品,比如护肤品、美妆、保养品等看不见摸不着的产品,只能通过主播的讲解来展现。这就需要勾勒痛点来激发用户的好奇心。

所以说,痛点一定要把握好的是真正能够戳到大家的真正扎心的感觉。结合自己,你什么时候会觉得痛呢?一是给了你具体的场景,让你有画面感。二是用刨根究底的方式,一层剥一层顺藤摸瓜,真正挖掘到它深层次的痛点。

什么才是真正的痛点呢。健康问题、金钱问题、容貌问题，是我们所有人都最在意的主要问题。总结一下，如果你的产品痛点能够往健康、金钱、容貌去贴合，那么就强调痛点，反之讲场景。

我在引入环节里讲了四种引入方式，大家任选一种熟练应用即可。

**第二步：卖点罗列**

有销售经验的读者在直播间里讲卖点时会发现，这和我们在实体店讲卖点有很大的差异。在实体店的销售场景中，顾客可能会觉得长篇大论的销售讲解很专业很靠谱。但是在直播间里，大家被短视频的瞬时刺激感惯坏了，用户不再有时间和耐心听你的长篇大论。如果他们三秒钟内听不到感兴趣的内容，就可能划走。大家要按照以下三个重点来把控卖点罗列的环节。

一是获得感。

比如，你想强调衣服的面料很好，可能会说："我们这一款面料选用的是比传统的醋酸面料更贵的炫纱面料，这种纱成本高、制作周期长，而且做衣服也更加废料……"虽然你说了一大堆，但对用户来说等于没有听到价值。你只描述个料子怎么贵，但是这和我有什么关系呢？

所以我们在讲卖点时一定要反映到功能价值上面来，一定要把和用户有直接关系的点往前放,这个是用户最想要听到的内容,因为它会带来"获得感"。大家的时间都很宝贵,你不讲和用户有切身直接关系的利益点,用户是不会感兴趣的。

还是以面料为例,怎样形成"获得感"呢?我会这样说:"你穿上这种面料的衣服,它会像醋酸一样抗皱不起褶,穿在你身上很有垂感、很飒。同时它又剔除掉了醋酸的光泽感,哑光的质感,更加高级,穿上去会让整个人显得更贵气。"这个是和用户有切身关系的功能价值。

二是卖点不要说太多。

千万不要在直播间讲一大堆,那都是无效介绍,用户根本记不住。毕竟用户在直播间不是来上课,而是来找乐子的,不会聚精会神地去听你讲产品卖点。我建议大家在说卖点的时候不要超过四个,最好以列数字的方式去介绍,如"我们家这款产品,第一……第二……第三……"这样的方式去讲。即使你用的是一些词汇、小短句,用户也能记得住,这个就是直播电商和线下销售的很大区别。

三是差异化优势。

我们应该在卖点中突出"人无我有,人有我优"的差异化优势。如果你是一个卖瓜的,我问你的瓜甜不甜?你说甜,你旁边还有一个卖瓜的,我问他甜不甜?他也说甜。本来在你这里甜是卖点。但当所有的卖瓜人都说甜的时候,它就不是卖点了。

所以你需要找到差异化。比如，你家的西瓜是沙土地里面长出来的，沙瓤更多，吃起来更加脆甜爽口，冰镇过后更加解渴，这就变成了你的差异化卖点。而这个恰好也是能够让用户选你而不选你同行的重要原因。

**第三步：活动刺激**

在完成了用户引入和卖点罗列之后，就到了我们激动的开价时刻。直播电商里有一句话，大家一定要牢牢记住，叫作"价值不到，价格不报"。为什么大家会在直播间里面冲动下单？并不是因为产品的价格真的低，而是因为用户觉得自己占到了便宜。造成这种感觉的是三个字：性价比。

性价比是极高的价值塑造再配合上价格冲击，这中间的差值就是性价比。这个差值越大，性价比越高，用户的下单时间也会越短。

看过直播的读者可能认为价格是这样报的："我们家这款东西在天猫上199，今天不要199，不要189，不要159，只要99！来助理，5—4—3—2—1，上链接！"这种话大家熟悉吗？作为用户听到这样的报价，你会有惊喜感吗？会不会觉得这个主播好像是信"口"拈来的大忽悠？

实践证明，一个好的活动刺激，离不开三个报价开款步骤。

第一步是比价，通过多渠道的比价，先让用户对产品树立认知。

比价要有证有据,切忌空口无凭,应该一边口述一边给大家展示证据。比如,"大家看一下,我们已经替你们搜好了,不用浪费各位的时间。在某宝上面188的日常价,天猫618(购物节)的补贴立减30米(直播术语,指人民币单位'元')也要158。在某多多上面常年的补贴下来也要138"。这是一个比价动作。

第二步是梯度降价,让用户感到自己得到了优惠。

接着刚才的例子,我接下来会说:"但今天在我直播间。左上方点关注。恭喜,128都不要了!立刻一抖币(抖音中的虚拟币)进粉丝团,让我看到的,98都不要了!公屏上扣任意数字报名,跟大家讲,78我都不要,来直接上架68米全国包邮!"

我通过多渠道的比价,再加上有条件的梯度降价,已经把用户对价格的预期一点一点打了下来,让用户感受到了降价的惊喜感。但是还不够,我们离促成下单还差第三步的临门一脚。

第三步是买赠,即通过赠品来促销。

买赠并不局限必须送点东西,它可以是买一送一,可以是买大送小,也可以去发优惠券。我们在进行梯度降价后就可以顺势提出买赠活动了。比如,"运营已经上好价了对不对?既然咱们今天618的活动,要搞就搞得彻彻底底。今天下单的宝子,我身上这个和Birkin包同款金属扣的腰带,价值150米的,今天全都随单 0 元送！"

以上是整个三步开款的动作盘点，比价、梯度降价和买赠。我们要注意把控几个细节。第一个细节是做活动刺激不一定非严格照搬上述流程，这三个步骤都是可以调换的。你可以先梯度降价，再进行比价。

此外，梯度降价应该设置一些前提条件，比如点了关注的、加了粉丝团的、公屏上扣了数字的。有同学可能会担心这样会不会违规，因为你用好处让大家去做指令，属于利益诱导。

大家可以再上翻一下我的话术具体是怎么说的。我的每一个指令加好处的衔接处，都会用一些小词断掉。比如，"恭喜""跟大家讲"等，没有直接的因果关系，就不那么容易违规了。

**第四步：场景延伸**

抖音在 2021 年 4 月对外宣传自己要做的是兴趣电商。兴趣电商的本质是激发需求。既然用户本身没有明确的需求，需要主播激发，画面感能够引发需要。而什么话术能够营造出画面想象空间呢——场景话术。所以我们在上架以后首要先抛出来的就是场景话术。

不要说一件衣服是在上班穿、下班穿、逛街穿、约会穿，这不算场景，只是场所。

分享一个场景公式：时间＋地点＋人物＋事件。

按照这个公式举例:"我们家的这款连衣裙,她不是普通的香槟色,而是泛着光晕的夕阳香槟玫瑰色。夏天的傍晚和你男朋友走在公园石子路上,你都仿佛是女明星在巴黎的香榭丽舍大街,复古又高级。"

你看,读完这句话,你脑子里是不是瞬间就有画面了?这就是场景。

**第五步:保障攻心**

通过种草引入、性价比的营造,观看直播的用户已经冲动上头了,但还会有一拨人在犹豫徘徊。这就需要我们讲保障,从根本上打消他们的疑虑。我们可以从三个方向达成这种效果:背书、售后承诺和人设。

背书举例:"我们家做线下教育培训已经15年,在全市有16家连锁店。500多名老师,每年培养上万名学生。"

售后承诺举例:"在我们家买东西'7天无理由'不是重点,'顺丰包邮'也不是重点,重点是'三年质保,只换不修'。""今天下单的我还会自己掏钱给你安排运费险,让你无忧shopping。"

人设举例:"宝贝,我在我们工厂做质检已经7年了,接触的原料不下4 000种。""来,我教你们如何辨别玻尿酸的好坏。"

打造人设的要点可以概括为三句话:你是什么岗位?这个岗位和产品有什么关系?这个岗位给你在直播间卖货带来了什

么好处？

不管你是什么角色，你是给别人打工还是自己做直播，都要适当打造轻人设。在直播间，有人设才能长久，有人设才能溢价。提到人设，大家可能会想到"老板娘"，但是一个直播间只能有一个老板娘。当主播人数增多的情况下，如何建立人设？我们给的解决方案是岗位人设。

同一个直播间只能有一个老板娘，但是她可以再增加一个质检，再增加一个设计师，再增加一个产品经理等。为了体现真实度，我们还会把我们的工牌展示给直播间前的用户。

总之，我们可以通过背书、售后承诺和人设来让用户对我们产生信任。只要产生了信任，用户的转化只是一个时间问题。

## 第六步：转场预告

产品介绍进行到尾声时，就处于上架在售卖的状态中。此时的关键在于促单，让大家赶紧去买。另外，我们还要去提醒用户，直播间接下来的活动更精彩，让他们一定不要走开。这就需要我们加入转场预告的环节。

当你从188的产品过渡到99的产品，可能大家不走；但如果你的产品是从99变成199，可能会走很多人。当然，哪怕从低价过渡到高价，好的转场也能够帮你留住人。

转场的预告方式可以参考我们第一步产品引入的方式，另一个要点在于主播一定要对自己的产品有足够的自信。你要相信每一个产品都是用来给大家送福利的，你不是来挣他们的钱的。你一定要有这样的自我认知，而这种兴奋是会通过你的眼神、你的状态传递给直播间所有观众的。

## 第七步：饥饿开款

我们在前面提到直播间的人心里想的是，买到不如抢到，抢到不如抢不到。

所以，如果我们只放一轮库存，让他们自己去买，就有点浪费我们精心铺排的话术了。当他们看到眼前的链接，由有库存变成没库存，没有了犹豫的余地，开始产生想要拍大腿的后悔心情的时候，你就离成功不远了。这就是饥饿开款的奥妙所在。所以，我们要有关闭的动作，踢单一定要配合理由。

假设今天只能给大家上100单福利，为什么你要上福利？为什么你不能多上一些福利？这是踢单的过程中重点需要你跟大家去解释的。

举例："今天是我们618活动第一天，这次品牌报名了抖音的活动，我们自己掏钱，官方也给了补贴，就是为了吸引一批高端粉，但是这款产品我们在线下也有售卖，需要去跟他们抢货，所以每一轮只能给大家上100单。这一波三分钟就秒光了！没抢到的宝贝赶紧在公屏上报名，后台统计好精准加库存。"

成交的基石是信任。在理由充足的前提下，你的直播带货活动才可信，才能持续吸引更多用户来你的直播间下单。

以上是带货主播产品话术七步法的全部流程。看完不是重要的，重要的是拿出笔来写一款你手头上任一物品的介绍。只有你自己的逻辑清晰了，才会出现直播时嘴巴比脑子快的情况。让你产品更好卖，让你的人设立起来。

# 附录2 声音精准提升训练材料

## 一、吐字归音练习

说话节奏太快的,读下面这一段话,并注意完整的吐字归音:

生活不止眼前的苟且,还有诗和远方,
远方有多远不得而知,
但其实诗就近在我们眼前。
它是我们在登高望远时,脱口而出的
"会当凌绝顶,一览众山小";
它也是我们在月圆之夜,共同吟诵的
"海上生明月,天涯共此时";
当然,它也可能是我们在回首往事的时候,无限感慨的那一句
"此情可待成追忆,只是当时已惘然"。

### 声音变现

说话节奏太慢,跟着快板"十道黑"锻炼自己的语速。

一道黑,两道黑,

三四五六七道黑,

八九道黑十道黑。

我买了一个烟袋乌木杆,

我是掐着它的两头那么一道黑。

二兄弟描眉来演戏,

照着他的镜子两道黑。

粉皮墙写川字,

横瞧竖瞧三道黑。

象牙桌子乌木腿儿,

把它放在那个炕上四道黑。

买了一只母鸡不下蛋,

圈在那个笼里捂(五)道黑。

挺好的骡子不吃草,

把它牵到在那个街上遛(六)道黑。

买了一头小驴不拉磨,

背上他的鞍鞯骑(七)道黑。

姐俩南洼去割麦,

丢了她的镰刀拔(八)道黑。

月科的小孩儿得了病,

囤几个艾球灸(九)道黑。

卖瓜子的打瞌睡,

哗啦啦啦撒了那么一大堆,

他的扫帚簸箕不凑手,

那么一个一个拾(十)道黑。

## 二、停顿练习

把本课程讲到的三个需要停顿的地方用笔标记出来,通过朗读体会说话停顿为表达带来的改变。如果平时说话养成了不停顿的习惯,在读每句话后,心里默数"一、二、三",再读下一句。

什么是初心?

初心可能是一份远大的志向,世界能不能变得更好,我要去试试。

初心也许是一个简单的愿望,凭知识改变命运,靠本事赢得荣誉。

有的初心,走着走着,丢失了;而有的初心,走得再远,我们依然会坚定地靠近它。

孔子说:"居之无倦,行之以忠"。当有一天我们会发现,抛开一切世俗的附加,我们坚守的信念和本心是最为宝贵的,它存在于向善、向美、向真的追求当中。

**扩展练习**

在苍茫的大海上，狂风卷集着乌云。在乌云和大海之间，海燕像黑色的闪电，在高傲地飞翔。

一会儿翅膀碰着波浪，一会儿箭一般地直冲向乌云，它叫喊着，——就在这鸟儿勇敢的叫喊声里，乌云听出了欢乐。

在这叫喊声里——充满着对暴风雨的渴望！在这叫喊声里，乌云听出了愤怒的力量、热情的火焰和胜利的信心。

海鸥在暴风雨来临之前呻吟着，——呻吟着，它们在大海上飞窜，想把自己对暴风雨的恐惧，掩藏到大海深处。

海鸭也在呻吟着，——它们这些海鸭啊，享受不了生活的战斗的欢乐：轰隆隆的雷声就把它们吓坏了。

蠢笨的企鹅，胆怯地把肥胖的身体躲藏到悬崖底下……只有那高傲的海燕，勇敢地，自由自在地，在泛起白沫的大海上飞翔！

乌云越来越暗，越来越低，向海面直压下来，而波浪一边歌唱，一边冲向高空，去迎接那雷声。

## 三、重点发音练习

根据课后作业的材料，按照不同的重点发音进行朗读，并将声音录下来,直到你可以完全表达出每个句子想要表达的侧重点。

10月初,在英国的时候,我接受了《帝国》杂志的采访,

有人问了一个关于漫威电影的问题。

我回答说,我试着看了几部,但都不适合我。

在我看来,它们更接近主题公园,

而不是我一生都熟悉和喜爱的电影。

一些人似乎抓住了我回答的最后一部分,

认为这是一种侮辱,

或者是我仇视漫威的证据,

对这一点,我无能为力。

你能在大银幕上看出来,

许多系列电影,都是由相当有才华的人制作的,

我对这些电影,不感兴趣。

## 四、情感练习

带入第一人称视角,想象对话发生在自己身上,充分酝酿情绪之后再有感而发,力求情感表达真实、自然。

伟大的爱情把你和奥丝瓦尔多连在了一起,跟他结婚吧,

你不要为我难过,我要是知道,

你们要是能永远地结合在一起，那就是我最大的幸福。

如果说，我曾经无意识地剥夺了你所有的权力，

我现在全部还给你，包括你最爱的那个人。

我想告诉大家，我是高高兴兴走的，

至于你，外公，如果你以前给叶塞尼亚带来了不幸，

那么，今天，你应该带给她幸福。

人们在婚礼上，是不能够流眼泪的，

再说了，我不久之后就会回来的，

现在我和爷爷去欧洲了，那会有最好的医生来对我治疗，大家放心吧。

## 五、提升自信

有让声音变得自信有三个方法：

第一、呼吸，通过呼吸让自己的声音放松、平稳；方法：闻花香（见前文）。

第二，声音状态，标准：声音洪亮、语速平稳、音量适中。练习素材如下。

### 生活的邀请函

我不在乎你如何谋生，

只想知道你有何渴望，

是否敢追逐心中梦想。

我不关心你年方几何，

只想知道面对爱情和梦想，

你是否会无所保留，

像个傻瓜般投入得透彻。

生命的背叛，

在你心口上划开缺口，

热情逐日消减，恐惧笼罩心田，

我想知道，你能否和伤痛共处，

用不着掩饰，或刻意忘却，更别把它封堵。

我想知道，你能否和快乐共舞，

翩翩起舞，无拘无束，从嘴唇，到指尖，

到脚趾头都把热情倾注。

这一刻，

忘记谨小慎微，现实残酷，忘记生命的束缚。

我想知道，你能否从每天平淡的点滴中发现美丽，

能否从生命的迹象中寻找到自己生命的意义。

我想知道，你能否坦然面对失败，

——你的或者我的，

即使失败，也能屹立湖畔，

对着一轮银色满月呼喊："我可以！"

我想知道，
当悲伤和绝望整夜蹂躏，
当疲倦袭来，伤口痛彻入骨，
你能否再次爬起来，为生活付出。
我不关心你认识何人，为什么在此处。
我想知道，生命之火熊熊燃烧时，
你是否敢和我一起，
站在火焰中央，凛然不怵。
我不关心你在哪里受什么教育，
我想知道，当一切都背弃了你，是什么将你支撑着前行。
我想知道，你是否经受得住孤独，
空虚时，你是否真正热爱独处。

第三，展示自信的肢体语言。通过展示出自信的嗓音，渐渐地从改变声音到改变心态。

站姿练习如下。

站立靠墙，头摆正，双肩放松，腹部微收，背部挺立，双脚跟与双肩后部贴在墙面。每天可站立十分钟，矫正不良站姿。

保持口腔的积极状态，双唇集中有力、打开口腔、下巴与喉咙放松。

### 再别康桥

作者：徐志摩

轻轻的我走了，

正如我轻轻的来；

我轻轻的招手，

作别西天的云彩。

那河畔的金柳，

是夕阳中的新娘；

波光里的艳影，

在我的心头荡漾。

软泥上的青荇，

油油的在水底招摇；

在康河的柔波里，

我甘心做一条水草！

那榆荫下的一潭，

不是清泉，是天上虹；

**声音变现**

揉碎在浮藻间,
沉淀着彩虹似的梦。

寻梦?撑一支长篙,
向青草更青处漫溯;
满载一船星辉,
在星辉斑斓里放歌。

但我不能放歌,
悄悄是别离的笙箫;
夏虫也为我沉默,
沉默是今晚的康桥!

悄悄的我走了,
正如我悄悄的来;
我挥一挥衣袖,
不带走一片云彩。

# 附录 3　发声器官图解

① 唇:分上唇、下唇。
② 齿:分上齿、下齿。
③ 齿龈:牙根突起部分的肉,又叫齿槽。
④ 硬腭:口腔上壁的前部,又叫前腭。
⑤ 软颚:口腔上壁的后部,又叫后腭。
⑥ 小舌:软腭后垂肉,又叫腭垂。
⑦ 舌尖:舌头静止时正对上齿龈的部分,又叫舌端。
⑧ 舌前:舌头静止时正对硬腭的部分,又叫舌面。
⑨ 舌后:舌头静止时正对软腭的部分,又叫舌背。
⑩ 舌根:舌之最后的部分。
⑪ 咽头:舌后和喉头后壁之间的空隙部分,前通口腔,而下一方通喉头,另一方通食道。
⑫ 声带:在喉头内的两片纤维膜,状如双唇。
⑬ 口腔:口内的空处。
⑭ 鼻腔:鼻内的空处。

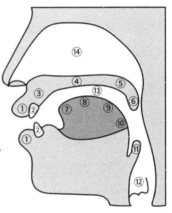

# 致　谢

记得我第一次上节目的时候,感觉糟糕透了。好在我的搭档不断鼓励我,耐心指导我,使我进步很快。

我从事声音培训行业多年,但写书的机会却不多。由于平时工作忙,我断断续续写了一年多才完成书稿。但是谢天谢地,我最终坚持下来了。

或许热爱真的可以冲破一切阻碍!

在声音教学过程中,我更深切地意识到有那么多人需要声音技巧知识,有那么多人渴望练出有自己特色的好声音。我至今相信一句话——一花独放不是春。我真心希望看到声音培训行业能够健康蓬勃地发展起来。只有在健康的行业环境下,我才能将自己的作用发挥到最大。

这些年来,我看到有些学员最终结果不尽如人意,但我也看到更多人通过声音培训重新建立了自信心,改变了生活状态,绽放了新的生命鲜活度,找到了新的职业生涯。

声音变现之路道阻且长,挫折也许也是常有的事,但只要坚持下去，属于你的峰顶风景也独美。我过去踩过的坑、走过的岔路，我不希望你们再次经历。这就是我做教育的意义所在，也是我写这本《声音变现》的初心。

感谢我的太太王梦璐女士，在每一个忙碌而幸福的日日夜夜，默默支持我辛苦地写作。

感谢邓童威、于洋洋，为这本书提供了许多宝贵的意见。

感谢中译出版社的于宇、李晟月为这本书付出了大量心血，像我当年的搭档那样耐心而细致地指点我进步，给了我很大的创作动力。

感谢播媒集团副总裁、点金手运营总监张铭薇（七七）协助整理附录1并给出宝贵的修改意见。

在这本书出版过程中遇到这么多良师益友，是我的幸运。我想把这份好运分享给大家。希望这本书能帮助大家再次重燃起梦想，找到新的职业生涯，绽放新的生命鲜活度。